Ursula Ines Keil

Dein Inneres zeigt Dir den Weg

DEIN INNERES ZEIGT DIR DEN WEG

DIE GEHEIMNISVOLLE
SPRACHE DER INNEREN
STIMME VERSTEHEN LERNEN

dielus

dielus edition
Bücher für ein besseres Leben

Dein Inneres zeigt Dir den Weg, Ursula Ines Keil

Dieses Buch wird von einem unabhängigen Buchverlag verlegt. Es wird versichert, dass keine Beteiligungen durch internationale Investorengruppen, Großverlage oder sonstige Konzerne bestehen. Der Inhalt dieses Ratgebers folgt ausschließlich unabhängigen und fachlich orientierten Gesichtspunkten.

Grafiken Umschlag und Innenteil:	©iStock.com/Yuri_Arcurs
Umschlaggestaltung:	dielus edition
Buchsatz:	dielus edition
Lektorat:	Maren Klingelhöfer, www.maren-klingelhoefer.de
ISBN:	978-3-9820125-7-5

Made and printed in Germany

Bibliografische Information der Deutschen Bibliothek: Die Deutsche Bibliothek verzeichnet diese Publikation in der Deutschen Nationalbibliografie; detaillierte bibliografische Daten sind im Internet abrufbar über https://portal.d-nb.de

HAFTUNGSAUSSCHLUSS

Wie in jeder Wissenschaft gibt es auch in der Psychologie ständig neue Erkenntnisse. Sowohl durch die Forschung als auch durch klinische Erfahrungen ändern sich die Behandlungen und Therapien fortlaufend.

Die in diesem Buch enthaltenen Ratschläge, Hinweise, Übungen oder sonstige Inhalte werden von den Autorinnen und dem Verlag nach bestem Wissen und Gewissen publiziert.

Ansprüche an die Autorin oder an den Verlag auf Ersatz bei jeglichem mittelbaren und unmittelbaren Schaden sind ausgeschlossen, denn dieses Buch gibt keine Anleitung zur Selbsttherapie.

Alle aufgeführten Aussagen der Autorin erheben keinen Anspruch auf Allgemeingültigkeit. Sie sollen Leser oder sonstige Betroffene lediglich informieren und müssen im Einzelfall individuell angepasst werden.

Dieses Buch kann eine fachärztliche, psychologische oder therapeutische Behandlung nicht ersetzen.

Inhaltsverzeichnis

Vorwort

Erkennen und erfahren Sie sich selbst, indem Sie mit Ihrer inneren Stimme wieder in Kontakt treten, sie kennenlernen, wahrnehmen und zu Wort kommen lassen. Ihre innere Stimme spricht ein Leben lang zu Ihnen. Ich zeige Ihnen, was passiert, wenn Sie sie negieren, wie Sie Zugang zu ihr finden und sie verstehen lernen. Sobald Sie wieder mit Ihrem Inneren verbunden sind, wird sich Ihr Leben dauerhaft zum Besseren wenden.

Vielleicht geht es Ihnen gut, Sie leben in einer erfüllenden Beziehung, sind finanziell versorgt und Ihre Arbeit bereitet Ihnen Freude. Dann scheint ja alles im grünen Bereich zu sein. Doch wie sieht es aus, wenn Sie unerwartet durch Krankheit, finanzielle Probleme, Mobbing, Arbeitslosigkeit oder das Zubruchgehen Ihrer Beziehung aus Ihrer heilen Welt gerissen werden? Förmlich schicksalhaft sehen Sie sich nun gezwungen, über sich selbst und Ihr Leben nachzudenken. Meist kommen an diesem Punkt Fragen auf wie:

Warum passiert das gerade mir? Was soll das alles?

Als frühere Meisterin im Überhören meiner eigenen inneren Stimme fing ich nach so manchen, inzwischen lebensbereichernden Erfahrungen an, mich mit dem Sinn unserer menschlichen Existenz auseinanderzusetzen. Nach jahrelanger Beschäftigung mit der inneren Stimme, sowohl mit meiner eigenen als auch der meiner Klienten, fiel mir auf, dass wir im Leben eine Maskerade betreiben. Wir meinen, wir müssen brav, (erfolg-)reich, potent, immer erreichbar oder marktgerecht sein und merken nicht einmal, dass wir wie bei einem Maskenball durch das tägliche Leben laufen. Unsere innere Stimme versucht, uns durch Symptome jedweder Art darauf aufmerksam zu machen, doch wir tragen oft noch Ohrstöpsel, um sie ja nicht zu hören. Unserem Ego dagegen gefällt das Spiel auf dem Maskenball, und so bedarf es häufig schon einer gewaltigen Kraft, damit unsere innere Stimme zu uns durchdringen kann. Dabei spielt es absolut keine Rolle, aus welcher gesellschaftlichen Schicht Sie kommen oder welche Prägung und Erziehung Sie in Ihrem Elternhaus genossen haben. Im Laufe der Zeit kann das Ignorieren unseres Inneren zu Symptomen wie Burnout, Depression oder Körperschmerzen führen. In Beziehungen gibt es dann oft nur noch ein „Nebeneinander" ohne erfüllende Sexualität.

In meiner Arbeit mit Klienten verwende ich unter anderem eine von mir entwickelte Methode, die Selbsterfahrungstherapie nach Keil®. Während dieser Therapie konnte ich inzwischen viele schreiende, überhörte innere Stimmen wieder zu Wort kommen lassen.

Anhand einiger Kommunikationssequenzen aus der Therapie zeige ich Ihnen exemplarisch, wie die innere Stimme kommuniziert. Das wird Sie dabei unterstützen, Ihre eigene innere Stimme zu verstehen, auch wenn sich das Innere sehr individuell mitteilt.

Haben Sie also den Mut, sich wirklich kennenzulernen. Alles Maskenhafte hält Kraft und Freude von Ihrem Leben fern. Letztendlich ist unser Leben sogar wie ein Mannschaftsspiel, und von entscheidender Bedeutung ist, die Regeln zu kennen, so dass man mitspielen und seinen Beitrag leisten kann.

Ich empfehle Ihnen, dass Sie sich, bevor wir jetzt gleich gemeinsam in die innere Welt eintauchen, einen Stift und – falls die leeren Zeilen im Buch nicht reichen – noch ein paar Blatt Papier beim Lesen bereitlegen. So können Sie Ihre Gefühle und Gedanken, die mit Sicherheit aufkommen werden, notieren. Dies hilft Ihnen, Ihre innere Stimme kennenzulernen.

Sollte Ihnen der eine oder andere Textabschnitt im Buch noch zu intensiv sein, können Sie diesen auch gern erst später genauer lesen – ihn quasi in ein Vorratsregal stellen. Manchmal benötigt man etwas Zeit, bis bestimmte Themen reif sind.

Also lassen Sie uns nun den Weg zu uns selbst antreten!

Ursula Ines Keil

KAPITEL 1

DIE INNERE STIMME

1.1

Was ist die innere Stimme?

Kennen Sie das Gefühl von „Schmetterlingen im Bauch“ oder Stress, der Ihnen auf den Magen schlägt?

Rein biologisch betrachtet bezeichnen viele Wissenschaftler unseren Darm inzwischen als das zweite Gehirn – das Bauchgehirn. Es ist bekannt, dass wir mit dem Gehirn im Kopf denken, mit dem Bauchgehirn verdauen und dass beide sogar miteinander kommunizieren. Unser Bauchgehirn ist, ähnlich wie das Gehirn in unserem Kopf, eine Schaltzentrale. Unser Bauch besitzt sogar annähernd die gleiche Menge an Nervenzellen wie das Gehirn eines Hundes, und der Hund zählt zu den intelligenten Tieren. Was bei Tieren gleichfalls sehr stark ausgeprägt ist, ist ihr feiner Instinkt. Bei unseren frühmenschlichen Vorfahren hatte das Kopfgehirn ungefähr die Größe einer Orange, und so handelten wohl auch sie mehr aus dem Instinkt heraus. Natürlich entstanden die vielen komplizierten Werkzeuge erst durch das Wachstum unseres Kopfgehirns in der Entwicklung zum modernen Menschen. Und unsere heutige Technik schreitet immer rasanter voran. Was wir heute vielleicht hier und da noch belächeln und als Science-Fiction abtun, könnte in Zukunft schon Realität bedeuten. Die Frage dabei ist: Was ist im Zuge der Entwicklung aus unserem reinen Instinkt oder – anders ausgedrückt – unserer inneren Stimme geworden? So wie es aussieht, haben wir uns wohl von ihr sehr weit entfernt. Die Fokussierung auf das rein analytische Denken hat unsere innere Stimme beiseitegedrängt und wohl für so manche stereotype Vorstellung gesorgt. Natürlich brauchen wir in verschiedenen Situationen oft eine Art Schubladendenken. Zum Beispiel kann es beim Überqueren einer Straße überlebensnotwendig sein, zu bewerten, ob ein Auto parkt oder fährt. Dies steht völlig außer Frage.

Das analytische Denken ist, wenn richtig genutzt, ein wichtiges Werkzeug. Unsere innere Stimme und das analytische Denken können sehr gut mit- und nebeneinander existieren. Doch wir negieren unsere eigentliche Essenz und reduzieren uns damit selbst auf einen „Körper mit Intellekt“. Das Ergebnis: Wir können dadurch unsere innere Stimme gar nicht mehr hören! Bildlich ausgedrückt: Stellen Sie sich vor, Ihr engster Freund steht Ihnen direkt gegenüber, will Ihnen etwas sagen und Sie verstehen ihn akustisch einfach nicht. Dabei wäre die Mitteilung genauso wichtig wie Erkenntnisse, die Sie aufgrund von Schubladendenken gewonnen haben.

Im Verlauf meiner Praxisarbeit mit den inneren Stimmen meiner Klienten kristallisierte sich eines immer deutlicher heraus:

Unsere innere Stimme ist eine alle Bereiche umfassende Essenz, die zwischen unserem Geist und unserem Körper eine Verbindung herstellt.

Sobald es zwischen den beiden Bereichen Verständigungsschwierigkeiten gibt, meldet sich unsere innere Stimme verstärkt. Wenn sie auch dann noch überhört wird, entstehen Leid, Krankheiten und Probleme. Natürlich beruhigt sich dies, sobald wir anfangen, uns ernsthaft mit uns selbst zu beschäftigen. Doch wenn unsere innere Stimme merkt, dass wir sie keineswegs verstanden haben, meldet sie sich erneut. Das ursprüngliche Symptom kann sich verstärken, oder es wird uns ein anderer Hinweis von der inneren Stimme gegeben. Körperliche oder psychische Symptome sind ein Indiz dafür, dass uns innerlich etwas fehlt.

Diese Symptome zu ignorieren ist wenig dienlich. Häufig begegnen wir unangenehmen Gefühlen durch Verdrängen, Ausweichen oder Distanzierung. So beenden wir beispielsweise Beziehungen, die uns zu sehr fordern. Gleichsam wundern wir uns danach aber darüber, dass sich jetzt zwar die äußeren Umstände verändert haben (neue Personen, neue Umgebung), das Grundthema jedoch meist gleich bleibt.

Dazu kommt noch, dass wir in der Schnelllebigkeit unserer heutigen Zeit teilweise nur noch funktionieren, um den alltäglichen Aufgaben gerecht zu werden. Meist merken wir das gar nicht, denn es erscheint uns bereits völlig normal. Wir sind im Grunde wie abgeschnitten von uns selbst.

Die innere Stimme zeigt uns allen den Weg zu unserem größten Potential. Wenn wir dieses nutzen wollen, müssen wir einfach nur wieder lernen, ihr zuzuhören. Dann können wir ungefähr Folgendes vernehmen:

„Ich bin es, deine innere Stimme,
die dich in aller Liebe daran erinnert,
dass der Grund, warum du am Leben bist,
gemeinsame Erfahrungen mit mir sind.

Es sind dein innerer Widerstand und
deine Angst vor Veränderung, die den Druck,
den du in deinem Leben verspürst, erzeugen.
Dabei möchte ich dich doch nur ermutigen,
den Weg zu dir selbst zu gehen.

Wie groß muss der Druck in dir noch werden?
Wie groß muss der seelische
und körperliche Schmerz werden,
damit du endlich innehältst und mich wieder hörst?

Mein Hauptansinnen ist, dich dazu zu bewegen,
all deine von dir verdrängten und abgelehnten Anteile
einzusammeln und anzunehmen,
so dass du die darin vorhandene
reine Lebensfreude wieder spürst.

Denn genau dies ist der Gradmesser für dich: Je mehr
tiefempfundene Freude du in deinem Leben erfährst,
desto stärker bist du mit mir im Einklang.

Im Gegensatz dazu ist die Stärke deines
empfundenen Leids ein Gradmesser,
wie weit du dich von mir
durch deinen freien Willen entfernt hast.

Ich bin in aller Konsequenz nur daran interessiert,
dass du ein sinnvolles Leben führst.
Leid ist für mich wenig sinnvoll,
ich bin selbst reine Freude.

Jetzt, da du es weißt,
kannst du aus freiem Willen entscheiden,
wie du dein weiteres Leben verbringen
und erleben möchtest.
Ich, deine innere Stimme, bin bei dir.
Immer!
Gleichgültig, wie du dich entscheidest.

Du fragst dich: Wie soll mein Leben nun weitergehen?
Ganz einfach, mit mir zusammen,
mit mir, deiner inneren Stimme,
und der Lebensfreude, die ich dir bringe."

1.2

Wie kommuniziert unsere innere Stimme?

Um mit uns zu kommunizieren, verwendet unsere innere Stimme Gleichnisse und Symbole. Deshalb erscheint es uns manchmal so schwierig, die innere Stimme zu verstehen, weil wir üblicherweise Kommunikation mit Worten betreiben. Die Kommunikation im Inneren läuft jedoch ganz anders ab. Entscheidend dabei ist, welches Gefühl Sie im Herzen spüren, verbunden mit dem ersten Impuls – das, was Sie in verschiedenen Situationen empfinden und wahrnehmen. Da wir jedoch in unserem Empfinden alle sehr unterschiedlich sind, wird sich Ihre innere Stimme für Sie individuell ausdrücken.

Das kann in Form eines kurz aufkommenden Bildes, eines Gedankens oder einer anderen Körperempfindung sein. Es ist ratsam, sich über diese eigenen Empfindungen und Beobachtungen Notizen zu machen. Gerade am Anfang kann das sehr hilfreich sein, denn es handelt sich um die individuelle Sprache Ihrer inneren Stimme, deren Vokabular Sie in keinem Lehrbuch nachschlagen können. Nach einiger Zeit werden Sie die Notizen vielleicht gar nicht mehr brauchen, denn die Ausdrucksform Ihrer inneren Stimme wird Ihnen dann geläufig sein.

Eine noch viel leichtere Methode, mit der inneren Stimme wieder in Kontakt zu kommen, ist es, ihre inneren Bilder sichtbar zu machen. Dabei handelt es sich um Symbole für typische Situationen, Verhaltensmuster und Gestalten, die in Märchen, Träumen und Mythen der gesamten Menschheit vorkommen. Sie sind völlig unabhängig von Zeit und Kultur, und so bezeichnete man sie früher auch als Götter und Dämonen.

In unseren großen Werken der Weltliteratur sind sie ebenfalls zu finden, zum Beispiel in Romanen von Friedrich Schiller wie „Kabale und Liebe“ und „Die Räuber“ oder in dem Roman „Schuld und Sühne“ von Dostojewski. Es sind die allen Menschen bekannten Tragödien von Verlassenwerden, Rache, Hass, Wut, Verlust und Enttäuschung. Letztendlich können wir uns alle mit solchen Situationen identifizieren, denn sie bleiben keinem von uns im Leben erspart.

Natürlich gibt es auf der anderen Seite auch die Erfahrungen von Versöhnung, Zuneigung und Liebe.

Durch Forschungen und die intensive Arbeit mit meinen Klienten wurde für mich Folgendes offensichtlich:

Gefühle und Bilder sind die Ursprache bzw. Muttersprache der inneren Stimme.

Deshalb verwende ich innerhalb der von mir entwickelten Therapie für die Kommunikation mit der inneren Stimme teilweise solche – auch als archetypisch bezeichneten – Themen und bringe sie mit dem aktuellen Problem oder Symptom in Verbindung. Dabei handelt es sich unter anderem um Elemente aus der Katathym Imaginativen Psychotherapie (KIP), die von Hanscarl Leuner 1954 als ein tiefenpsychologisch fundiertes Verfahren eingeführt wurde.

Nach einer intensiven Atemphase (dazu mehr in Kapitel 3.4) und einer anschließenden Phase der tiefen Entspannung betreten Sie eine neue Bewusstseinsebene. Sie sind hellwach, aber Ihr Verstand, der normalerweise jede Äußerung kontrolliert und nichts ungefiltert durchgehen lässt, tritt jetzt etwas zur Seite und ermöglicht es der inneren Stimme, sich durch innere Bilder und Gefühle auszudrücken. Hier gibt es kein Richtig und kein Falsch. Was auch immer Sie aussprechen, es hat mit Ihnen zu tun. Alle Figuren, die in den Bildern vorkommen, sind Anteile von Ihnen selbst, die Ihnen bewusst sind oder gerade bewusst werden. Natürlich hat auch das, was nicht ausgesprochen wird, mit Ihnen zu tun, denn auch unser Abwehrsystem ist ein Teil unserer Individualität.

Die aufsteigenden Bilder und damit einhergehenden Gefühle haben eine vermittelnde Funktion zwischen dem Unbewussten und dem Bewussten. Sie stellen somit die Ihnen von der inneren Stimme zu übermittelnde Nachricht dar.

Eine Nachricht, die Sie von außen hören, stellt noch lange nicht das Gleiche dar wie eine Nachricht aus dem eigenen Inneren, von Ihnen selbst gesprochen und empfunden.

Darin liegt für mich der Kernpunkt. Das selbst ausgesprochene Wort einerseits in Verbindung mit dem dabei wahrgenommenen Gefühl andererseits stellt eine sehr wirksame Form dar, zu verstehen, was die innere Stimme mitteilen möchte.

KAPITEL 2

DIE GESETZMÄSSIGKEITEN DER INNEREN WELT

2.1

Das Polaritätsprinzip

Die Mitteilungen Ihrer inneren Stimme können Sie auf zwei verschiedenen Ebenen betrachten. Die eine Ebene bezieht sich auf Mitteilungen in alltäglichen Lebensbereichen, wie die Sexualität, die Beziehungen, die Ernährung oder den Beruf. Auf diese Bereiche gehe ich in Kapitel 4 ausführlich ein. Doch es gibt noch eine viel tiefere Ebene, welche die Essenz der Mitteilungen Ihrer inneren Stimme ausmacht. Diese ist ohne ein Verständnis einer der fundamentalsten inneren Gesetzmäßigkeiten unserer Welt kaum zu erfassen. Es handelt sich dabei um das Polaritätsprinzip, das ich deshalb näher erläutern will.

Bereits Johann Wolfgang von Goethe erkannte die Polarität – hier bezogen auf Materie und Geist – in seinen „Erläuterungen zu dem aphoristischen Aufsatz ‚Die Natur'" von 1828 als eines der zwei großen „Triebräder aller Natur".[1] Das zweite bezieht sich auf die Steigerung zum Höheren.

Grundsätzlich ist die Welt aus polaren Gegensätzen aufgebaut, die einen Bezugsrahmen für Erfahrung schaffen, wie Mann und Frau, Leben und Tod, Tag und Nacht, heiß und kalt oder Macht und Ohnmacht. Die Polarität der Welt ermöglicht und ist gleichzeitig notwendige Voraussetzung für die bewusste Wahrnehmung. Die Erscheinung der Welt in Gegensatzpaaren ist für die meisten von uns klar und einleuchtend. Doch in unserem tiefen Inneren träumen wir immer vom Zustand ursprünglicher Einheit und Geborgenheit, ähnlich wie wir dies im Mutterleib erfahren. Nach unserer Geburt werden wir jedoch sofort mit der Polarität konfrontiert. Das führt im Laufe unseres Lebens immer wieder dazu, dass wir den Versuch unternehmen, die verlorene Einheit durch eine Pseudo-Einheit zu ersetzen. So liegt auch jegliches Suchtverhalten häufig darin begründet. Vor allem bei Stress verwenden wir vielerlei Suchtmittel zur eigenen Ablenkung vom eigentlichen Problem, ob nun Zigaretten, Alkohol, Essen oder Pillen. An irgendeinem Punkt im Leben stellt man aber meist fest, dass das Herstellen von Pseudo-Einheiten nicht zur Erfüllung führt. Die Erfüllung entsteht erst durch die wahre Einheit in uns selbst. Doch wie erlangt man sie?

In der Polarität bedingt der eine Pol stets den anderen, daher ist es absolut nicht möglich, sich auf Dauer mit nur einem Pol zu identifizieren. Verdeutlichen kann man sich dies sehr gut am Beispiel eines Pendels, welches immer zwischen zwei Extrempunkten (Pole) hin und her schwingt. Je nachdem, wie weit es in die eine Richtung schwingt, wird es gleichfalls auch in die entgegengesetzte Richtung schwingen, bis sich die Bewegung verlangsamt und das Pendel zu einem Punkt der kräftefreien Ausgeglichenheit, der Ruhelage zurückkehrt. Doch nicht nur in der Ruhelage, befindet sich das Pendel im Gleichgewicht, sondern auch, wenn es schwingt. Es erreicht in der Bewegung sein Gleichgewicht durch die genau gleich große Auslenkung in zwei exakt gegensätzliche Richtungen.

Auf unser alltägliches Verhalten übertragen kommt dies jedoch meist ganz anders zum Ausdruck. Wir versuchen, unser Pendel nur in die von uns bevorzugte angelernte oder angeeignete Richtung schwingen zu lassen. Gegen die andere Richtung kämpfen wir aus Angst vehement mit allerlei Mitteln an. Das Paradoxe dabei ist, dass wir damit genau das Gegenteil von dem erreichen, was wir eigentlich wollen, und uns von einem Zustand der Ausgeglichenheit immer weiter entfernen. Daher führt zum Beispiel das Streben nach Macht zwangsläufig zur Ohnmacht, die Zucht zur Unzucht und das Festhalten zu einem Fallengelassen-Werden. Mit dem Versuch, nur die eine Seite zu sehen, drängen wir die andere sprichwörtlich in den Schatten. Dabei geht es innerhalb der Polarität jedoch im Wesentlichen darum, sich im Laufe der Entwicklung zugleich von seinen beiden Seiten zu sehen. Dies bedeutet also, sich in seinem Schatten und gleichzeitig gegenpolar in seinem Licht wahrzunehmen und sich so auch anzunehmen.

Die innere Stimme verwendet an diesem Punkt der inneren Entwicklung zur Verdeutlichung oft die aus der Mythologie bekannte archetypische Figur des Teufels, auch Luzifer (Lichtbringer) genannt. In den inneren Bildern stellt er die Verkörperung der Summe aller unerlösten Aspekte in uns selbst und im allgemeineren Sinne auch in der gesamten Menschheit dar.

Mich erinnert die archetypische Figur des Teufels an eine Beobachtung, die ich vor einigen Jahren auf einem Weihnachtsmarkt machte. Ich unterhielt mich mit einer Verkäuferin am Stand von Kumquats-Handpuppen (diese werden gern auch therapeutisch bei Kindern verwendet), wo es auch eine in Form des Teufels gab. Unter der Vielzahl an Puppen griff fast jeder Erwachsene, der an diesen Stand kam, instinktiv zu genau dieser Teufelspuppe. In unserem Inneren ist die archetypische Teufelsfigur offensichtlich fest verankert. Die Frage ist: Wie gehen Sie damit um?

Bereits die bekannten Psychoanalytiker Sigmund Freud und Carl Gustav Jung haben sich mit der Rolle des Teufels auseinandergesetzt. Lassen Sie uns daher den Versuch wagen, diese Funktion besser zu verstehen. Im Laufe der Zeit beobachtete ich, dass die meisten meiner Klienten auf der Bildebene aus dem Unbewussten für ihr jeweils aktuelles Thema den Mythos von der Entstehung der Welt als Projektionsfläche hervorholen. Viele kennen diese Geschichte, und so wird sie oft in einer religiösen Version wiedergegeben. Dazu kommt noch der Mythos von Luzifers Verbannung aus dem Himmel. Wenn man alle ausschmückenden Elemente einmal beiseitelässt, geht es letztendlich nur noch um den Kampf zwischen „Gut" und „Böse" oder, um es in religiösen Begriffen auszudrücken, zwischen der „Sünde" und dem „göttlichen Heil". Doch wer definiert eigentlich, was „Sünde" und was „göttliches Heil" ist? Die Religion – welche? Die Regierung – welche? Oder vielleicht unsere Eltern?

Sie werden schnell erkennen, dass jeder für sich und jede Gemeinschaft allein definiert, was „gut" und was „böse" ist. Es gibt keine absolute Richtschnur, an der wir uns orientieren können. Nur mithilfe der Polarität können wir anhand des jeweiligen Gegenstücks erfahren, wer wir sind. Ohne Dunkelheit können wir nicht erfahren, was Licht ist. Ohne das „Böse" können wir nicht erfahren, was das „Gute" ist. So ist Sünde nicht das Ergebnis menschlichen Versagens, sondern ein Entwicklungsschritt auf dem Weg zu uns selbst und damit zu unserer eigenen inneren Stimme.

Beim sogenannten Sündenfall geht es also nicht um einen dummen und vermeidbaren Fehler des schwachen Menschen, sondern darum, sich auf ein Leben in der Polarität einzulassen. Wenn man sich dies verdeutlicht, gelangt man zu folgender Erkenntnis:

Sich von beiden Seiten gleich zu sehen, bedeutet, in die Mitte zu kommen.[2]

Im Grunde ist es spielerisch leicht, und doch stehen wir genau an diesem Punkt in unserem Leben vor einer fast unüberwindbaren Hürde: Ständig bekämpfen wir, im Kleinen wie im Großen, das jeweils nach unseren festen Vorstellungen und eingefahrenen Bewertungsmustern definierte „Böse", ohne zu erkennen, dass es aufgrund des polaren Aufbaus der Welt untrennbar mit dem „Guten" verbunden ist.

So wird mit allen Mitteln versucht, das „Böse" aus der Welt zu schaffen, jedoch ohne den geringsten Erfolg. Dies zeigt sich in der Außenwelt genauso wie in der Innenwelt. Dabei geht es im Grunde letztendlich darum, zu erkennen, dass nach dem Polaritätsprinzip Folgendes gilt:

Der eine Pol kann nicht ohne den anderen existieren. Beide sind gleichermaßen notwendig, um die Welt im Gleichgewicht zu halten.

Daher ist es wenig sinnvoll, Menschen von außen verändern oder von etwas überzeugen zu wollen. Dies wäre zum einen ohnehin nur durch Anwendung irgendeiner Art von Macht möglich. Zum anderen würde dies aber auch bedeuten, mit den Menschen und dem Leben an sich nicht einverstanden zu sein. Im Laufe meiner Forschungen und Beobachtungen stellte ich fest, dass sich jedoch gerade diese Vorstellung, sich komplett verändern zu müssen, in unseren Tiefen oft unbewusst verbirgt. Die Ursache liegt in der totalen Ablehnung unserer eigenen gegenpolaren Seite. Diese bezieht sich meist auf die Täterrolle im Leben.

Wenn wir unser Leben zum Besseren wenden wollen, ist es hingegen entscheidend, durch eine Öffnung des Bewusstseins zu unserer eigentlichen Identität und damit einhergehenden, wahrlich neuen Erfahrungen von und mit uns selbst zu gelangen. Sich also gleichsam in beiden Rollen des Seins – als Opfer und Täter – zu sehen und zu fühlen, darin liegt die Auflösung eines jeden Lebensthemas. Natürlich wünschen wir uns nicht bewusst, Täter zu sein, doch diese Rolle kann keiner von uns abstreifen. Ich nehme mich dabei nicht aus, das wäre absolut illusorisch und würde eher zur Trennung von der inneren Stimme führen. Allein schon in unserer Körpersprache fällt die Täter-Opfer-Zuweisung auf. Betrachten Sie einmal Ihre Hand, wenn Sie mit dem Zeigefinger auf jemanden deuten. Achten Sie dabei genau auf die jeweilige Richtung Ihrer einzelnen Finger. Sie werden sehen, dass nur einer auf Ihr Gegenüber, aber gleich drei auf

Sie selbst zeigen. Letztendlich befinden wir uns selbst täglich in der Täterrolle, und doch erscheint es uns oft so, als wären es immer nur die anderen.

Wir alle tragen ungelöste Aspekte in uns. Daher ist es das Ziel, die jeweiligen polaren Gegensätze auszugleichen und anzunehmen.

Erst wenn uns dies gelungen ist, können wir in Erfüllung leben.

2.2

Innere Anteile und Widerstände

Sicherlich ist Ihnen außer dem Polaritätsprinzip noch eine weitere Gesetzmäßigkeit der inneren Welt auf die eine oder andere Weise vertraut: der innere Widerstand.

Den inneren Widerstand empfinden wir in der Regel als lästig und störend, denn er erscheint uns wie eine mysteriöse Macht, die uns davon abhält, die notwendigen Schritte im Leben zu tun. Dabei ist dieser Widerstand kein Feind, sondern durch ihn drückt ein unbewusster Wesensanteil in unserem Innern mit felsenfester Überzeugung aus, dass er ein verstandesmäßiges Ziel oder eine Aufgabe nicht erreichen bzw. umsetzen will.

Unsere innere Stimme repräsentiert alle unsere inneren Anteile und ist ihr Sprachrohr.

Innere Anteile haben ihre ganz individuellen Sichtweisen und Bedürfnisse. Ein Beispiel: Stellen Sie sich vor, zwei Menschen wollen einen Felsblock in eine Richtung schieben. Stehen beide auf derselben Seite und schieben, so wird er sich bewegen. Sobald sie sich jedoch einander gegenüberstellen und schieben, wird er sich nur bewegen, wenn einer von beiden stärker ist. Irgendwann wird einer die Kraft verlieren, und der andere wird alles daransetzen, schnellstmöglich sein Ziel zu erreichen.

Genau das geschieht, wenn ein innerer Kampf zwischen verschiedenen inneren Anteilen oder einem inneren Anteil und dem Verstand stattfindet. Ausschlaggebend dabei ist, wie viele Anteile wir auf unserer bewussten Seite haben. Nach meiner Erfahrung ist es jedoch häufig so, dass uns die meisten inneren Anteile noch unbewusst sind oder wir sie aus den verschiedensten Gründen ins Tal des Vergessens verbannt haben. Dadurch verstärken wir den Widerstand eher. Innerer Widerstand entsteht somit durch die unbewusste Entscheidung gegen die eigenen inneren Anteile. Das Problematische an der ganzen Sache ist:

Sie werden zu dem, wogegen Sie sich wehren. Das, wogegen Sie Widerstand leisten, wird in Ihrem Leben bleiben und Ihre Energie und Kraft in einem ständigen Kampf verbrauchen.

Die Lösung liegt auf der Hand: Lernen Sie, zu sich selbst Ja zu sagen.

Die meisten von uns kennen die Situation, eine Arbeit immer wieder aufzuschieben – ob es Fensterputzen, Gartenarbeit oder Papierkram ist. Die scheinbare Schwierigkeit einer jeden abgelehnten Aufgabe im Leben steht in direktem Verhältnis zu dem Grad an Widerstand, den wir gegen sie aufwenden. Solange wir unsere Kraft und Gedanken für den Widerstand einsetzen, wird sich nichts verändern. Erst wenn wir aufhören, Widerstand zu leisten, und uns entscheiden, was wir wirklich wollen, erlangen wir unsere Energie zurück.

Ein anderes Beispiel: Jemand wünscht sich seit Jahren eine langfristige, liebevolle Beziehung, und dieser Wunsch realisiert sich einfach nicht. Hier gibt es innere Anteile, die aus bestimmten Gründen vehement dagegen sind. In der Person herrscht also ein erbitterter Kampf. Es kann sein, dass ein Anteil glaubt, sich mit allen Mitteln davor schützen zu müssen, von anderen Menschen verletzt oder verlassen zu werden. Dieser Anteil wird somit alles dafür tun, um eine enge Beziehung zu verhindern.

Unsere äußeren Erlebnisse und Gegebenheiten sind eine Reflexion der inneren Widerstände. Ohne innere Konflikte gäbe es keine äußeren Hindernisse. In Wahrheit existieren äußere Hindernisse auch nicht wirklich. Das mag vielleicht etwas eigen klingen, doch sie sind reine Vorstellungen von uns, kreiert aus unseren Gedankenkonstrukten.

Das Entscheidende für ein friedliches Dasein ist also, ob unsere inneren Anteile in Harmonie miteinander leben oder nicht. Allerdings erlebe ich in meiner Praxisarbeit immer wieder, dass der Versuch unternommen wird, absichtlich positiv zu denken, um denjenigen Anteil, der in die vom Verstand festgelegte, scheinbar richtige Richtung will, noch mehr Kraft und Energie zu geben. Das mag zwar hin und wieder funktionieren, doch nur kurzfristig, denn was wir bekämpfen, machen wir stärker. Wenn Sie also gegen Ihren inneren Widerstand angehen, ihn am liebsten unterdrücken oder vernichten wollen, geben Sie ihm dadurch noch mehr Energie. Sinnvoller wäre es, sich der Anteile des inneren Widerstands bewusst zu werden und diese in die Richtung Ihrer inneren Stimme zu lenken. Aber wohin will sie Sie führen?

Um dies herauszufinden, werden Sie Ihre innere Stimme in den anschließenden Kapiteln in drei Schritten näher kennenlernen:

1. Zugang zur inneren Stimme bekommen
2. Die Sprache der inneren Stimme verstehen
3. Der inneren Stimme folgen

Der wohl größte Schritt wird das Verstehen der symbolischen Sprache der inneren Stimme sein. Doch genau hier liegt Ihr Schatz!

KAPITEL 3

ZUGANG ZUR INNEREN STIMME BEKOMMEN

Um überhaupt wieder eine Verbindung zu Ihrer inneren Stimme herstellen zu können, bedarf es einer Art Gehörreinigung. Doch wie sieht diese konkret aus? Auch hier kristallisierten sich im Laufe der letzten 27 Jahre durch meine Forschungsreisen und Beobachtungen mehrere wichtige Schritte heraus. Es handelt sich dabei um die folgenden Methoden, die sich inzwischen sehr gut bewährt haben:

1. Bewusst machen
2. Überblicken
3. Entschleunigen
4. Reinigen
5. Verbindung herstellen

Schauen wir uns diese nun genauer an.

3.1

Bewusst machen

Zunächst sollten Sie sich das Abgetrenntsein von sich selbst und damit von Ihrer inneren Stimme im Zuge der Schnelllebigkeit überhaupt einmal vor Augen führen und klarmachen. Wie stark spüren Sie sich? Folgen Sie Ihren inneren Impulsen oder eher den vorgegebenen angelernten Normen?

Auf angelernte Normen hören Sie, wenn Sie sich im Laufe der Zeit nur auf die Worte der Außenwelt konzentriert haben. Dabei handelt es sich häufig um Aussagen wie: „Das tut man nicht", „Das macht man nicht", „Das gehört sich nicht", „Was sollen denn die Nachbarn denken?".

Kommen Ihnen diese Aussagen bekannt vor? Irgendwann fangen Sie an, diese Worte so zu verinnerlichen, dass sich Ihre innere Stimme nur noch dadurch Gehör verschaffen kann, dass Sie körperliche oder psychische Symptome zu spüren bekommen. Es kann jedoch sein, dass für Sie in Ihrer Vorstellung, doch eben meist nur in Ihrer Vorstellung, etwas ganz anderes gerade richtig, wichtig und gut wäre als für Ihre innere Stimme.

Das Bewusstmachen benötigen Sie also, um das Abgetrenntsein zu überwinden, oder anders ausgedrückt: um aufzuhören, wie ein Hamster in seinem Rad zu laufen.

Auch ich rannte vor Jahren sprichwörtlich wie ein Hamster im Rad. Bis ich anfing, mir Fragen zu stellen, wie: Was soll das alles? Wozu mache ich dieses tägliche Spiel? Ich hatte das Gefühl, mich in einem Irrenhaus zu befinden. Und so sagte ich mir ganz klar: „Stopp!" Rein äußerlich schien für die Umwelt alles in Ordnung zu sein, bis zu dem Zeitpunkt, als die von mir erschaffenen Masken Risse bekamen. Innerlich spürte ich schon, dass etwas nicht stimmt. Doch wer gesteht sich dies gern ein?

Also seien Sie ehrlich zu sich, denn es geht um Ihr Leben.

3.2

Überblicken

Im nächsten Schritt sollten Sie innehalten und sich einen Überblick über Ihre aktuelle Lebenssituation verschaffen.

Nehmen Sie sich ruhig die Zeit und machen Sie sich ein paar Notizen, egal ob für den beruflichen oder den privaten Bereich.

Wie viel Stress haben Sie in Ihrem Leben?

Zeigen sich bereits physische oder psychische Symptome bei Ihnen?

Dann wird es wohl höchste Zeit, hinzuschauen. Und vor allem, welche Gefühle verbinden Sie mit Ihrer aktuellen Situation? Sind es Freude und Wärme oder eher Wut, Hass, Neid, Schmerz, Ärger oder Frust?

Notizen:

....

....

....

....

....

....

....

....

....

....

....

....

Dieser Schritt lässt sich mit dem Bilanzziehen des eigenen Haushaltskontos vergleichen. Sollte Ihre Aufstellung zeigen, dass Sie überfordert sind, so kann ich Sie beruhigen: Es gibt nichts, was Sie nicht schaffen können. Das Wesentliche dabei ist, dass es zu Ihnen passt!

An diesem Punkt kann es vorkommen, dass Ihr Verstand sofort mit Widerstand reagiert und alle möglichen Erklärungen hervorbringt, warum die momentane Lebenssituation so ist. Meistens gipfelt dies in der Begründung, dass es ja nichts mit Ihnen selbst zu tun hat, sondern mit der Umwelt, dem Zufall oder dem Leben schlechthin. Vermutlich suchen Sie sich dann jemanden, der Ihnen helfen soll, das Problem zu beseitigen beziehungsweise es sprichwörtlich „loszuwerden“.

Natürlich wird man alles unternehmen, um Sie davon zu befreien, doch zuerst muss man natürlich der Ursache des Problems auf die Spur kommen. Je nach therapeutischer Ausrichtung geht dies ganz unterschiedlich vonstatten. Inzwischen gibt es so viele verschiedene Therapieformen, dass ich es mir erspare, sie alle aufzuzählen. Die Frage, die sich dabei stellt, ist: Welche von ihnen liegt richtig? Und was noch wichtiger ist: Wer hat mit seiner Methode Erfolg? Haben Sie eine Idee?

Letztendlich haben alle Recht, denn es ist völlig gleichgültig, mit welcher Methode man auf die Suche geht. Man wird immer etwas finden, was die Ursache von etwas anderem ist.

Sobald also eine mögliche Ursache aufgedeckt ist, geht es Ihnen wahrscheinlich sogar besser. Sollte Sie dann noch der Umstand ereilen und der Therapeut spricht Sie von jeder Schuld frei, da Ihr Problem ja an der Geburt oder der Trennung von Mutter und Vater lag, als Sie noch ganz klein waren, dann bessern sich Ihre Symptome spürbar oder verschwinden sogar ganz. Die Therapie war ein Erfolg. An dem Punkt werden Sie sicher sagen: Das ist doch alles Bestens. Doch erfahrungsgemäß hat die Sache einen Beigeschmack. Nur weil Symptome verschwunden und ein paar Traumata bearbeitet sind, ist der Mensch selbst noch lange nicht wirklich heil im Sinne von ganz oder vollständig und damit auch nicht in seiner Mitte. Meine Erfahrungen zeigen, dass anstelle eines wegtherapierten Symptoms oftmals ein anderes auftritt, das „scheinbar" in keinem Zusammenhang zum ersten steht. Dieses Phänomen ist allgemein unter der Bezeichnung Symptomverschiebung bekannt.

In unserem Leben geht es ganz und gar nicht darum, etwas loszuwerden oder zu verschieben, sondern uns in all unseren Facetten zu erfahren, zu entfalten und letztendlich zu lieben. Der inneren Stimme ist nicht damit gedient, dass ein paar Ursachen ausgegraben werden. Sie will etwas ganz anderes, und zwar mit Nachdruck darauf hinweisen, dass uns im Leben etwas Wichtiges fehlt.

Um hier keine Missverständnisse aufkommen zu lassen: Natürlich ist es auch wichtig, gerade körperliche Symptome im Notfall auf ganz praktische Art und Weise zu behandeln. Doch im Anschluss geht es um den entscheidenden Schritt, dass Sie sich jetzt bewusst mit Ihrem Leben auseinandersetzen.

3.3

Entschleunigen

Um in unserer heutigen schnelllebigen Zeit wieder einen Zugang zu Ihrer inneren Stimme zu bekommen, heißt es im nächsten Schritt, für Entschleunigung zu sorgen. Wichtig dabei ist, innezuhalten, oder anders ausgedrückt: zu lernen, achtsam mit sich zu sein – in dem Moment, in dem Sie sich gerade befinden, präsent zu sein.

Da wir auf dem Gebiet der Achtsamkeit oft verschiedene Ausgangspositionen haben, zeige ich Ihnen ein paar praktische Übungen und Beispiele.

RUHE

Für den einen herausfordernd, für den anderen normal – einfach einmal nichts tun. Und damit meine ich auch nichts, also kein Buch lesen, nicht am Handy spielen oder dergleichen. Setzen Sie sich einfach 10 Minuten hin, egal ob in der Natur, im Büro oder zu Hause. Wichtig dabei ist nur, dass dabei keinerlei Ablenkung stattfindet. Spüren Sie, ob es Sie eher stresst oder Sie bereits Ruhe dabei empfinden können. Machen Sie diese Übung täglich! Zu Beginn sollten Sie sie zu einer festen Zeit durchführen, damit sich Ihr inneres System daran gewöhnt. Später wird die Übung für Sie zur Selbstverständlichkeit werden und Sie brauchen sich nicht mehr an eine feste Zeit zu halten.

Sollte Sie ein Gedankenkarussell von der Übung abhalten, empfiehlt sich Folgendes: Da sich unsere Gedanken nicht abschalten, sondern nur umlenken lassen, indem wir unsere Aufmerksamkeit steuern, achten Sie einfach auf Ihren Atem. Probieren Sie es aus, es funktioniert!

Und bitte haben Sie hier Geduld und Vertrauen. Auch ich war früher ein Wirbelwind ohne Rast und Ruh und durfte im Laufe meines Lebens die dahinterliegende Kraft und Stärke erst kennenlernen.

ACHTSAMKEIT

In Erweiterung der Ruhe-Übung geht es in diesen Übungen um Achtsamkeit. Häufig ist es so: Wenn wir sitzen, dann stehen wir in Gedanken bereits, und wenn wir stehen, dann laufen wir im Geiste schon, und wenn wir laufen, so sind wir bereits gedanklich am Ziel. Doch was geschieht in dem jeweiligen Moment? Die Aufgabe besteht darin, das wahrzunehmen, was Sie gerade machen. Es spielt zu Beginn keine Rolle, ob Sie dies beim täglichen Duschen, Essen oder Abwaschen probieren.

Wenn Sie unter der Dusche stehen, so spüren Sie ganz bewusst das Wasser auf Ihrer Haut, ohne dabei bereits in Gedanken schon bei der nächsten Aufgabe zu sein – ob einkaufen gehen, Essen kochen oder zur Arbeit fahren.

Gehen Sie spazieren und nehmen Sie dabei Ihre Umgebung wahr. Sollte Ihr Verstand gerade rebellieren und Ihnen sagen: „Dafür habe ich gar keine Zeit", dann können Sie diese Übung auch durchführen, wenn Sie von der Arbeit nach Hause laufen oder mit dem Bus fahren. Versuchen Sie dabei, einfach nur bei sich zu bleiben, ohne sich abzulenken, und vor allem, ohne das zu bewerten, was gerade ist. Denn auch das ständige Bewerten lenkt uns ab.

Die Achtsamkeitsübungen lassen sich für Ihren individuellen Tagesablauf beliebig erweitern. Beginnen Sie dort, wo es Ihnen am leichtesten fällt.

Da durch Achtsamkeit Ihre Sinne wieder angesprochen und aktiviert werden, können Sie auch gezielt Übungen für die einzelnen Sinne durchführen:

a. Hören

Achten Sie in einer bestimmten Situation auf die Geräusche, etwa beim Duschen, Kochen, Spazierengehen, Bahn- oder Autofahren. Vor allem, wenn Sie sich durch die vielen Geräuschen um Sie herum überfordert fühlen, sollten Sie sich nur auf ein bestimmtes Geräusch konzentrieren, egal ob auf Vogelgezwitscher oder den Computerlüfter. Es wird Ihnen helfen, in dem Moment aus der Überforderung herauszukommen.

b. Riechen und Schmecken

Nehmen Sie beim Essen den Geschmack und den Geruch Ihres Essens wahr. Sie werden im Laufe der Zeit feststellen, dass Ihre innere Stimme gerade in diesem Bereich eine sehr deutliche Sprache spricht. Sie fungiert hier wie ein Ernährungsratgeber (siehe Kapitel 4.3).

c. Sehen

Ob im Café, im Büro, beim Spazierengehen oder an der Bushaltestelle – aus der Fülle von Ereignissen um Sie herum wählen Sie eines aus und achten auf die Einzelheiten. Was geschieht in diesem Augenblick in Ihrem Umfeld?

d. Tasten

Ertasten Sie alles, was Ihnen in die Hände fällt. Wichtig ist dabei, es ganz bewusst wahrzunehmen. Wann haben Sie zum Beispiel Ihren Partner das letzte Mal ganz bewusst berührt oder sich selbst?

Alle diese Übungen sind in vielerlei Hinsicht von großem Nutzen: Sie entschleunigen, helfen bei der Bewältigung von Stress- und Angstsituationen, und dadurch öffnet sich das Tor zu Ihrer inneren Stimme wieder. Zudem dienen die Übungen der Gesunderhaltung Ihres Körpers und sind in jedem Moment Ihres Lebens durchführbar. Deshalb noch ein ganz lebensnahes Beispiel:

Sie haben sicher schon einmal im Supermarkt an einer Schlange angestanden oder sind mit dem Auto in einen Stau geraten. Es gibt immer mehrere Möglichkeiten, die Situation zu betrachten:

1. Sie sind genervt, erhöhen damit Ihr Stressniveau noch und haben außerdem den Gedanken, durch die Verzögerung keine Zeit mehr für sich zu haben.

2. Sie erkennen, dass Sie genau in diesem Moment sehr viel Zeit für sich haben. Sie achten auf Ihren Atem oder konzentrieren sich auf einen Punkt in Ihrem Umfeld oder auf ein Geräusch.

Wir haben somit in jeder Situation die Möglichkeit, entweder das Stressniveau noch weiter zu erhöhen oder uns durch eine kleine Änderung des Blickwinkels zu entschleunigen und dadurch zu entspannen.

Holen Sie also wieder mehr Ruhe und Achtsamkeit in Ihr Leben, egal wie die Situation auch gerade ist.

3.4

Reinigen

Kommen wir zum nächsten Schritt, der Reinigung. Diese können Sie sich so vorstellen, als würde ein Rohr von Verstopfungen befreit werden.

ATMUNG

Für unsere Reinigung eignet sich unser Atem ganz besonders. Da es ein Atemzug ist, mit dem wir in unser Leben starten, stellt dies eine einfache und natürliche Methode dar. Im Laufe unseres Lebens haben wir schon eine Menge eingeatmet, nicht nur bezogen auf den Sauerstoff, sondern gleichfalls an Eindrücken, Vorstellungen, Begrenzungen und vielem mehr.

Wenn Sie sich einmal beim Atmen beobachten, so werden Sie schnell feststellen, dass Sie dabei oft Pausen machen, als würde damit für Sekunden Ihr Leben stehen bleiben. Da es hier jedoch um den Prozess der Reinigung Ihres verstopften Zuganges zur inneren Stimme geht, ist es wichtig, bewusst einmal beim Atmen ohne Pausen zu bleiben, und wenn Sie merken, dass Sie dabei doch eine Pause machen, dann sollten Sie wieder zum Atemprozess zurückkehren.

Allein 20 Minuten bewusstes Atmen verändert Ihr Leben mehr, als 20 Jahre unbewusst zu atmen.

Für den einen oder anderen mag die unglaubliche Einfachheit dieser Technik sicher verdächtig wirken, doch liegt das eigentliche Geheimnis in der Bewusstheit. Probieren Sie es aus und spüren Sie in einen Dialog mit sich. Setzen Sie sich dabei entspannt hin und konzentrieren Sie sich nur auf Ihren Atem. Spüren Sie, wie mit jedem Atemzug Ihre Schultern und Ihr Oberkörper sich beim Einatmen leicht heben und wie sie sich beim Ausatmen wieder senken. Es sind nur sanfte Veränderungen, wenn der Atem in Ihren Oberkörper einströmt und wenn er wieder herausfließt. Bitte suchen Sie dabei nicht nach irgendwelchen besonderen Wahrnehmungen. Beobachten Sie einfach nur, was ist. Möglicherweise lockern sich Ihre Schultern ein bisschen, oder Sie fühlen sich innerlich erleichtert und sind inzwischen schon ein wenig ruhiger geworden. Oder es geschieht nichts. Seien Sie einfach nur da und atmen Sie bewusst. Vielleicht meldet sich auch Ihre innere Spannung gerade jetzt, wenn Sie zur Ruhe kommen. Nehmen Sie das einfach nur wahr. Während Sie so Ein- und Ausatmen darf alles so sein, wie es ist – das Angenehme, aber auch das weniger Angenehme. Es geht um Ihre innere Erfahrung und Reinigung. Zum Intensivieren können Sie die Atmung anschließend auf eine tiefe Bauchatmung lenken. Dies hat zusätzlich den Vorteil, dass mehr Luft in Ihre Lungen gelangt und Ihr Körper mit mehr Sauerstoff versorgt wird – eine wesentliche Grundlage für körperliche Gesundheit.

Machen Sie sich im Anschluss ein paar Notizen. Wie ging es Ihnen dabei? Welche Gedanken haben Sie beschäftigt, oder konnten Sie sich bereits ganz bewusst auf Ihren Atem einlassen?

Notizen:

....

....

....

....

....

....

....

....

....

....

....

....

In dieser Übung geht es darum, bewusst einmal innezuhalten und genau wie zu Beginn des Lebens mit sich in Kontakt zu treten: genauso frei, wie Sie sich zu Beginn Ihrer ersten Atemzüge fühlten, noch frei von Vorstellungen und Begrenzungen und vor allem verbunden mit Ihrer inneren Stimme.

Wie bereits in Kapitel 1.2 erwähnt, verwende ich das Atmen ebenfalls gern zu Beginn einer Sitzung als Reinigung und anschließende Überleitung in die Bildsequenzen. Das Augenmerk liegt dabei auf dem gleichmäßigen Atmen. Die Konzentration und Kraft geht hier mehr ins Einatmen, den aktiven Teil, denn es gilt, ins Leben hineinzukommen, und weniger ins Ausatmen, den passiven Teil. Innerhalb einer solchen Sitzung findet der Atemprozess natürlich intensiver statt, und so kommt es hier zu den unterschiedlichsten Empfindungen. Dazu ein paar Aussagen von Klienten nach einer solchen Atemerfahrung:

Anke (45): „Das Atmen ist der Wahnsinn, was für eine unglaubliche Energie."

Norbert (62): „Wo war ich? Als ob ich in Watte gepackt wurde und schwebe."

Ralf (29): „Als ob ich meinen Körper verlasse und Raum und Zeit gar keine Rolle mehr spielen."

Christina (35): „Ich hatte das Gefühl, wie auf einen Orgasmus zuzusteuern, wie auf einen Urknall – unbeschreiblich!"

Da die Empfindungen eben unterschiedlich sind, kommt es manchmal auch zu Aussagen wie:

Jens (37): „Ich fühlte mich während des Atmens wie festgebunden und gelähmt."

Franz (41): „Ich würde jetzt lieber einen Kaffee trinken als dieses lästige Atmen."

Hier zeigen sich bereits erste Anzeichen, wie weit wir uns einerseits von uns selbst entfernt haben und wie weit wir andererseits bereit sind, uns auf uns selbst einzulassen.

Die Frage dabei ist: Können Sie innehalten, das tägliche Stressprogramm beiseitelegen und aus Ihrem Alltag heraustreten? Üben und probieren Sie es immer wieder. Sobald Sie die ersten Erfahrungen mit dem bewussten Atmen gemacht haben, werden Sie mit Sicherheit auch erste Veränderungen in Ihrem Leben feststellen.

GEDANKENHYGIENE

Kommen wir zu einem weiteren sehr wichtigen Bereich der Reinigung. Alle unsere täglichen Gedanken, die wir bewusst oder unbewusst sammeln, haben einen starken Einfluss auf unser Leben. Sie erschaffen durch die Eindrücke, Wahrnehmungen und Reaktionen quasi den Inhalt unseres Lebens. Wären wir in der Lage, jeden einzelnen Gedanken von uns in Form eines Diagramms darzustellen, dann wüssten wir, warum unser Leben so ist, wie es ist. Fangen Sie also an, einmal ganz bewusst auf Ihre Gedanken zu achten, vor allem in den Bereichen, die Ihnen laut des gewonnen Überblicks im Moment die größten Sorgen und Probleme bereiten. Solange Sie Ihre Gedanken immer wieder damit programmieren, wie schlimm oder wie schrecklich alles ist, werden sich die Probleme eher verstärken. Sie erzeugen damit regelrecht einen Befehl in diese Richtung. Gerade in unserer heutigen Zeit ist es daher umso wichtiger, mit was Sie sich täglich beschäftigen. Achten Sie vor allem beim Medienkonsum darauf! Erzeugt dieser in Ihren Gedanken Freude, Liebe und Wärme oder eher Angst, Hass, Neid und Frust?

Natürlich ist es unvermeidbar, dass sich durch die vielen Eindrücke im Leben täglich auch verschiedene Gedanken ansammeln. Deshalb ist es umso wichtiger, die Gedanken sprichwörtlich zu reinigen. Die äußere Reinigung durch das Waschen betrachten wir ja auch als selbstverständlich. Die Reinigung unserer Gedanken dient dazu, die Fähigkeit aus uns hervorzuholen, die Dinge so zu sehen, wie sie sind.

Für alle, die eine Tiefenreinigung bevorzugen, gibt es zusätzlich noch eine Möglichkeit, die ebenfalls keiner komplizierten Technik bedarf. Am besten, Sie führen diese Übung am Abend durch, oder wenn Sie von der Arbeit nach Hause kommen:

TIEFENREINIGUNG

Setzen Sie sich bequem hin und stellen Sie sich 15 Minuten lang vor, wie alle Eindrücke und Gedanken in Form von Rauch nach hinten aus Ihrem Rücken austreten. Bitte bewerten Sie dabei nicht, ob Ihre Tageseindrücke gut oder schlecht waren. Nehmen Sie einfach alle. Unser Verstand blockiert oft Erfahrungswünsche der inneren Stimme, da er Eindrücke in Raster von Bewertungen und Vorstellungen einteilt. Ziel ist es, einen inneren Zustand von Einfachheit, Klarheit und Reinheit zu erlangen, der uns in unserem Alltag oft abhandenkommt.

Die aufgeführten Übungen sind also kein Hexenwerk. Das Einzige, was Sie bewerkstelligen müssen, ist, Ja zu sich selbst zu sagen, um dadurch aus Ihrer bisherigen Komfortzone herauszutreten. Albert Einstein sagte einmal Folgendes:

„Der Gipfel des Wahnsinns ist, auf Veränderung zu hoffen, ohne etwas zu verändern.“ [6]

Das Spannende dabei ist, dass Sie sich gar nicht wirklich verändern, sondern Sie werden Sie selbst.

3.5

Verbindung herstellen

Nach dem Bewusstmachen, dem Überblick, dem Entschleunigen und der Reinigung geht es jetzt um das Herstellen der Verbindung zu Ihrer inneren Stimme.

Im Kinderbuch „Der kleine Prinz" von Antoine de Saint-Exupéry heißt es so schön:

„Man sieht nur mit dem Herzen gut, das Wesentliche ist für die Augen unsichtbar."[4]

Und so stellt das Herz das Verbindungsglied zwischen unserem Verstand und unserer inneren Stimme dar. Dieses Verbindungsglied gilt es, zu pflegen und zu schützen.

Eine dafür gut geeignete Methode ist die Meditation. Deren Nutzen für das physische und emotionale Wohlbefinden wurde inzwischen auch durch jahrzehntelange wissenschaftliche Forschungen bestätigt. Meditation ist eine ähnliche Fertigkeit wie die Kommunikation mit der inneren Stimme. Der Schlüssel dazu ist die Wiederholung. Sie können sich das ähnlich wie bei einem Wissenschaftler vorstellen, denn durch die Wiederholungen fangen Sie ebenfalls an, zu experimentieren, zu beobachten und Schlüsse zu ziehen. Das heißt, Sie ziehen keine Schlüsse aufgrund eines Glaubenssystems, sondern aus der Erfahrung, die sich aus der Meditation und dem damit verbundenen Gefühl für Sie ergibt.

Je häufiger Sie Meditation praktizieren, desto leichter werden Sie verstehen, wie sie funktioniert. Sie werden dabei entdecken, dass Meditation nichts ist, was Sie aktiv tun müssen. Ganz im Gegenteil, Meditation bietet Ihnen die Möglichkeit, einfach nur zu sein. Das klingt vielleicht erst einmal ungewohnt im Vergleich zu Ihrem Alltag.

In der Meditation gehen Sie gedanklich auf Ihr Herz. Mit dem Herzen fühlen wir, mit dem Herzen treffen wir die richtigen Entscheidungen. Verankert in einem friedlichen und meditativen Herzen können Sie besser wahrnehmen und auch Ihre innere Stimme verstehen.

Das größte Problem, wenn man beginnt zu meditieren, ist, dass man zunächst meist durch eine Flut von Gedanken abgelenkt wird. Dann wird oft der Versuch unternommen, den Meditationsprozess zu forcieren. Doch Vorsicht, dadurch geraten Sie unwillkürlich in einen Zustand der Konzentration, ohne zu wissen, dass das ein Nebenprodukt beim Meditieren ist. Konzentration ist ein Zustand, kein Prozess. Doch es geht um das Meditieren. Daher lassen Sie die Vorstellung von Konzentration beim Meditieren los. Gedanken gehören so natürlich zu Ihnen wie das Hören und Sehen. Was ist der Geist ohne Gedanken?

So trainieren Sie durch die Meditation Ihren Geist und nutzen seine Denkfähigkeit, damit das Denken kreativ werden kann. Im Ergebnis bedeutet dies: mit dem Verstand fühlen und mit dem Herzen denken lernen. Wenn also Gedanken aufkommen, egal welche, dann erinnern Sie sich einfach daran: „Ich meditiere gerade." Wenn Sie sie beachten und ihnen folgen, ziehen die Gedanken Ihre Energie ab und verstärken sich somit. Indem Sie lernen zu meditieren, werden Sie Gedanken bald nicht mehr stören. Sie ziehen vorbei wie Wolken am Himmel.

Die Meditation ist zu Beginn vielleicht etwas mühevoll, doch sie wird im Laufe der Zeit einfacher. Der entspannte Geist hilft Ihnen, zur Ruhe zu kommen. Sie werden im Einklang mit Ihrem Herzen sein. Wichtig ist: Es geht um die eigene Erfahrung. Wenn jemand sagt, Sie sollten sich während der Meditation so oder so fühlen, dann sind dies eher die Vorstellungen des anderen.

Ich kann mich noch gut an meine erste Meditationserfahrung vor inzwischen 27 Jahren erinnern. Ich saß damals mit einer Gruppe zur Teambildung zusammen, und wir wurden aufgefordert, zu meditieren und dabei unsere Augen zu schließen. Ich hatte das Gefühl, zwei Köpfe auf meinem Hals zu haben, und hoffte, dass es bitte bald vorbei sei. Heute schmunzle ich darüber. Also lassen Sie sich nicht entmutigen und probieren Sie es aus – ungefähr so, als würden Sie einen Schatz ausgraben, der ziemlich tief verschüttet ist. Und denken Sie daran: Sie sollen mit dem Meditieren Ihre eigene Erfahrung machen, denn es geht um Sie.

ANLEITUNG ZUR MEDITATION

Suchen Sie sich einen Platz, an dem Sie ungestört sind und bleiben können. Schalten Sie Störquellen wie Handy, Radio und Ähnliches aus.

Ich empfehle Ihnen, die Meditation am besten im Sitzen auf einem Kissen oder auf einem Stuhl durchzuführen. Natürlich geht es auch im Liegen, doch dabei gerät man leicht ins Träumen.

Bitte schließen Sie auch Ihre Augen. Das erleichtert es Ihnen, Ihre Aufmerksamkeit mehr nach innen zu richten. Beobachten Sie ähnlich wie zu Beginn der Atemerfahrung einen Moment Ihren Atem. Dies unterstützt Sie dabei, immer mehr bei sich anzukommen.

Beginnen Sie anschließend in aller Ruhe, sich vorzustellen, dass eine Quelle des Lichts in Ihrem Herzen vorhanden ist. Richten Sie Ihre Aufmerksamkeit dabei sanft auf Ihr Herz. Sie können es auch gern fokussieren, ungefähr 2 bis 3 Fingerbreit unterhalb der linken Brustwarze. Stellen Sie sich vor, dass die Quelle des Lichtes in Ihrem Herzen Ihre ganze Aufmerksamkeit nach innen zieht, und lassen Sie diesen Gedanken dort ruhen.

Bitte tun Sie dies auf eine einfache und natürliche Weise. Schenken Sie eventuell auftretenden Gedanken keine Beachtung. Lenken Sie Ihre Aufmerksamkeit einfach wieder sanft auf die Quelle des Lichts in Ihrem Herzen zurück.

Dieser Prozess findet zu Beginn sicher etwas häufiger im Wechselspiel statt, doch haben Sie hier Geduld und Vertrauen. Lassen Sie Ihre Aufmerksamkeit einfach auf Ihrem Herzen ruhen. Fühlen Sie, wie Sie mit der Zeit immer tiefer darin eintauchen.

Falls Sie am Anfang noch etwas Schwierigkeiten haben, den Alltag auszuschalten, machen Sie sich keine Sorgen, das ist völlig normal.

Meditation ist genauso Übungssache wie alle neuen Fähigkeiten.

Ich empfehle Ihnen, täglich zu meditieren. Fangen Sie mit 5 bis 10 Minuten an und steigern Sie es im Laufe der Zeit auf höchstens 30 Minuten.

Bei dieser Art der Meditation geht es um mehr als nur um die reine Entspannung: Es geht um die Verbindung zu sich selbst. Dabei hat natürlich allein schon der Versuch zu meditieren eine entspannende Wirkung.

Um Ihre innere Stimme zu verstehen, werden Ihnen die Erfahrungen der Meditation von Nutzen sein.

Durch die häufige Wiederholung der Meditationserfahrung können Sie den Zustand des friedlichen Herzens im Laufe der Zeit stets in Ihrem Inneren abrufen.

Und somit ist es ein Leichtes, Ihre innere Stimme wieder zu hören. Bitte bedenken Sie: Stress trennt die Verbindung zu ihr!

KAPITEL 4

DIE SPRACHE DER INNEREN STIMME VERSTEHEN

Mithilfe der von mir entwickelten Methode kann man auf sehr intensive Weise wieder mit seinem Inneren in Kontakt treten. Dies geschieht wie in Kapitel 1.2 beschrieben über die Symbol- und Bildersprache der inneren Stimme. Damit Sie die Sprache der inneren Stimme verstehen lernen, verwende ich im Weiteren Originalauszüge aus Therapiesitzungen von Klienten, die in direkter Verbindung zu ihrer inneren Stimme standen. Es handelt sich dabei um Bildsequenzen, die Klienten während der Therapie beschrieben haben. Achten Sie bitte auf Ihre Gefühle und Gedanken in Bezug auf diese inneren Bilder. Dies stellt bereits die erste Kommunikation zwischen Ihnen und Ihrer inneren Stimme dar. Zur Erinnerung: Sollte es Ihnen hier und da zu viel sein, stellen Sie die Sequenz oder das Thema erst einmal in Ihrem Vorratsregal ab.

Damit Sie sich in etwa vorstellen können, wie eine solche Sitzung abläuft, hier eine kurze Beschreibung:

Zu Beginn gibt es meist ein Vorgespräch. Danach geht es in eine intensive Atemphase, die zur optimalen Vorbereitung auf die eigenen inneren Bilder dient. Im Anschluss führe ich den Klienten mit kurzen Fragen in dessen Bilderwelt hinein. Da es sich hier um die Ursprache der inneren Stimme handelt, stehen diese Bilder mit unseren tiefsten Gefühlen und Erfahrungen in Verbindung. Während die inneren Bilder in ihm aufsteigen, bespricht der Klient im Dialog mit mir, welche Phantasien, Vorstellungen und Gedanken ihm augenblicklich dazu in den Sinn kommen. Diese beziehen sich stets auf konkrete Situationen und stellen keine Wertungen oder Meinungen des Klienten dar. Die Bilder sind anfangs oft symbolisch, später werden sie meist realer, fast greifbar wie im Traum und gefühlsbetont. Manche Klienten erleben ihre innere Bilderwelt sehr plastisch, andere eher gedanklich, vage und ideenhaft. Zum Abschluss der Sitzung findet meist ein kurzes Nachgespräch statt.

Schauen wir uns den Einstieg in die Bilderwelt einmal genauer an:

Am Anfang ihrer ersten Reise in die eigene Innenwelt haben die meisten Klienten Lampenfieber. Sie werden das Gefühl sicher kennen, das aufkommt, sobald Sie vor einer neuen Aufgabe oder Herausforderung im Leben stehen. Ein gewisses Erregungspotential, um unsere Leistungskurve zu erhöhen, ist aber ganz natürlich und wirkt sich eher günstig aus. Dabei gehen den Klienten solche oder ähnliche Gedanken durch den Kopf:

Was wird sich in meinen Tiefen so alles verbergen? Welches Bild wird danach von mir entstehen? Wie wird meine Therapeutin mich dann sehen und was wird sie von mir denken?

Wir sind es gewohnt, möglichst ein „gutes“ Bild nach außen abzugeben. Alles, was nicht diesem Bild entspricht, lebt im Verborgenen in unserer Innenwelt und zeigt sich doch in unserem Leben. Um einen Eindruck von ihrer Innenwelt zu bekommen, bitte ich die Klienten zum Einstieg oft erst einmal, sich eine Wiese vorzustellen. Dies erscheint harmlos, und doch stehen auch hier nicht immer Sonnenblumen, wie die folgende Sequenz zeigt:

„Eine Wiese soll ich mir vorstellen, und jetzt ist sie schwarz, zusammen mit dem Himmel. Nur ein kleines, nacktes, trauriges, glatzköpfiges, zusammengekauertes Kind ohne Gesicht sitzt da. Ich selbst spüre mich gar nicht, ich bin nirgendwo. In mir ist nur Angst. Was, wenn es mein Gesicht ist von dem Kind? Es sieht wie missgebildet aus, mit übergroßem rundem Kopf."

Das Ganze lässt sich auch etwas langsamer angehen, und so kann sich schließlich der Klient doch noch eine grüne Wiese vorstellen:

„Jetzt ist sie grün, flach und ruhig. In mir entspannt es sich."

Zu Beginn spielt dies keine Rolle, denn die innere Stimme wird ihn im Laufe der Zeit dorthin begleiten, wo das eigentliche Problem liegt.

Anschließend bitte ich den Klienten, mich zu einer Hausbesichtigung mitzunehmen. Letztlich entspricht diese einer unbefangenen Beschreibung von sich selbst. Dabei kommt vom kleinen Hexenhaus bis zur großen weißen Stadtvilla alles vor. Die innere Stimme bringt aber nicht das zum Ausdruck, was der Klient in seiner Vorstellung gern hätte, sondern das, was in seinem Unterbewusstsein abgelegt ist.

Im folgenden Beispiel war sich die Klientin zu diesem Zeitpunkt unsicher, wie es beruflich weitergehen soll, und parallel hatte sie Probleme im Bereich der Ernährung:

„Ich gehe auf ein großes altes Haus zu. Es wirkt sanierungsbedürftig, doch es ist Potential vorhanden. Ich komme in eine Diele mit einer großen Holztreppe. Von hier gehen mehrere Räume weg. Ich gehe in einen der Räume rein, er ist groß, leer und wirkt von innen viel heller als von draußen. Ich könnte mir ihn wie ein Arbeitsstudio vorstellen, wo man Ideen verwirklichen möchte. Links geht es noch in einen anderen Raum rein, der ist ganz hässlich. Wie eine Speisekammer gefüllt mit Büchsen und irgendwelchen Lebensmitteln."

Die innere Stimme weist hier sofort darauf hin, dass aufgrund der Größe des Raumes zwar Potential vorhanden ist, dieses jedoch bisher nicht genutzt wird. Der Raum ist leer. Der Nebenraum, der zur Ernährung in Bezug steht, wird abgewertet. Die Küche steht symbolisch für Sexualität, so wie das Essen. Zwischen beiden gibt es eine Analogie. Auf dieses Thema werde ich in Kapitel 4.3 noch intensiver eingehen. Am Anfang der Therapie verdeutlicht die Küche die aktuelle sexuelle Situation im Leben:

„Weiter vorn komme ich auf der linken Seite an eine baufällige Tür. Mein Gefühl sagt mir, hier ist die Küche dahinter. Doch es ist alles zugenagelt und versperrt. Ich spüre mich auch gar nicht mehr, weder den Boden noch meinen Körper.

Ich mache die Bretter ab und stehe in einem finsteren Raum mit geschlossenen Fensterläden. Es wirkt wie in einer großen Jugendherberge. Mich lädt es nicht ein, da zu essen. Die Küche ist alt und müsste renoviert werden. Alles ist dreckig, ein alter Herd, die Fensterläden sind zu. Doch allein möchte ich dort nichts machen und brauche die Fenster auch nicht zu öffnen. Erst einmal gehe ich wieder."

Mit der zugenagelten Tür und den geschlossenen Fensterläden weist die innere Stimme darauf hin, dass der sexuelle Bereich wie abgetrennt ist. Die Küche erinnert an eine Jugendherberge, was zeigt, dass die Sexualität im Leben der Klientin nicht nur im Privaten eine Rolle spielt. Die Größe der Küche weist gleichfalls darauf hin, dass es auf dem Gebiet der Sexualität an bereichernder Erfahrung mangelt, womit ein Verlust an Lebenskraft einhergeht. So verlässt die Klientin die Küche, den Bereich des Lebens, zunächst auch. Doch die Bestandsaufnahme geht weiter und führt in den Keller:

„Jetzt soll ich runter in den Keller gehen. Er wirkt, wie ein Schacht mit einer Stalltür, wie eine Feuerschutztür. Es ist eng. Ich habe eine Öllampe in der Hand und hoffe, dass mich keiner hört, dass mich niemand wahrnimmt."

Die meisten beschreiben am Anfang eher einen klassischen Keller, für Vorräte und zum Abstellen verschiedener Gegenstände. Dies wirkt erst einmal harmloser und entspannter. Doch manchmal geht es auch etwas schneller zur Sache:

„Unten ist es kalt, glitschig, nass, einfach nur eklig. Mir kommt es vor, wie in einem Kerker. Der erste Raum ist leer, doch im nächsten sitzen gleich fünf Frauen und Kinder drin. Mir wird ganz anders. Vorn sitzt ein kleines Mädchen und daneben eine Frau. Sie schauen mich ganz traurig an, und ich habe das Gefühl, sie eingesperrt zu haben. Es tut mir weh. Die anderen älteren Menschen interessieren mich nicht. Es fühlt sich so an, als habe ich sie aus reiner Arroganz eingesperrt. Es gibt gar keinen Grund dafür."

Aus einer reinen verstandesmäßigen Betrachtung mag es keinen Grund geben, jemanden einzusperren, und doch verhalten wir uns so, indem wir eigene innere Anteile leugnen. Dahinter verbirgt sich häufig Angst. Oft lassen wir uns von dieser Angst lähmen und von ihr unser Leben bestimmen. Deshalb ist es entscheidend, dass Sie zu Ihrer eigenen Art zu denken, zu fühlen und zu handeln finden. Bleiben Sie darum beim Lesen weiterer Bildsequenzen im Kontakt mit ihrem Herzen und spüren Sie, was bei Ihnen hochkommt. Egal was es ist, es hat immer mit Ihnen selbst zu tun!

Lassen Sie uns nun in die Bereiche der Sexualität, der Beziehungen, unserer Ernährung und der Berufung tiefer eintauchen, da sich unser tägliches Leben vor allem dort abspielt. Anhand exemplarischer Bildsequenzen können Sie erkennen, wie eine Änderung der Perspektive im Leben aussehen kann und Sie wieder in Ausgeglichenheit – und damit dem Wunsch Ihrer inneren Stimme entsprechend – leben können.

4.1

Lebensbereich: Sexualität

Widmen wir uns zuerst dem Bereich der Sexualität. Die Sexualität ist ein von Anbeginn der Zeit im Menschen lebender Urinstinkt, und doch stellt sie immer wieder ein Spannungsfeld dar. So formulierte Ernst Ferstl einmal treffend:

„Unsere Sexualität bringt Spannung ins Leben, aber sie lässt sich nicht wie elektrischer Strom ein- und ausschalten.“ [5]

ANGEEIGNETE VORSTELLUNGEN

Die Spannung zeigt sich manchmal bereits darin, dass die Vorstellungen, die wir uns über Sexualität gemacht haben, oft angepasst an unsere Umwelt, mit der Realität in Widerspruch geraten. So gibt eine Klientin folgende inneren Bilder wieder:

„Als es in die Hochzeitnacht geht, finde ich einfach nur eklig, was geschieht. Wie er mit mir umgeht! Er fängt an, mich auf eine Art und Weise zu berühren, als ob ich ein Spielzeug für ihn bin. In meiner

Vorstellung war immer, dass Sex etwas Liebevolles ist, etwas Schönes. Es ist einfach nur widerlich, einfach nur eklig. Sein ekliger dicker Körper. Immer, wenn er zu Hause ist, will er in der Nacht Sex von mir. In meinen Gedanken könnte ich ihm etwas antun, ihn einfach umbringen. Es ist auf einmal alles anders als vorher, als ob er meine Welt zerstört hat!"

Hier handelt es sich um die klassische Form einer Projektion auf das Gegenüber. Dem Mann wird die alleinige Schuld an der Zerstörung der Vorstellung gegeben. Dabei wird das eigene Bedürfnis nach Sexualität völlig negiert und in die Verbannung geschickt. Wenn Kinder im Trotzphasenalter von ca. 2 Jahren sich bockig verhalten, empfinden wir dies aus psychologischer Sicht als vollkommen normal. Doch was ist mit dem „bockigen" Verhalten von uns Erwachsenen? In der Innenwelt drückt es sich so aus:

„Der Sex wird nicht besser. Im Gegenteil, ich werde dabei immer kühler, und es schaltet etwas um. Ich spüre richtig, wie ich mich verändere. Ich werde kalt und entwickle anstelle der Liebe in meinem Herzen nur noch Hass."

Ich kann Sie nur ermutigen, über Ihre aktuelle Einstellung zur Sexualität einmal nachzudenken.

Wie verhalten Sie sich in diesem Bereich?

Welchen Vorstellungen unterliegen Sie hier?

Notizen:

....

....

....

....

....

....

....

....

....

....

SYMPTOME EINER UNTERDRÜCKTEN SEXUALITÄT

Da die innere Stimme der Klientin die völlige Abkehr von der Sexualität beschreibt, kippt das Ganze im Sinne des Polaritätsprinzips bald in genau die entgegengesetzte Richtung:

„Mittlerweile habe ich Gefallen gefunden an der Sexualität. Es kommen junge Männer, und ich lasse mich von ihnen befriedigen, je nachdem, wie mir danach ist. Ich lasse mich streicheln oder ich peitsche sie aus. Manchmal will ich auch liebevollen Sex, etwas Zärtliches – nur von meinem Mann unter keinen Umständen."

Im realen Leben spiegelt sich ein unterdrücktes Sexualverhalten jedoch in physischen und psychischen Symptomen unterschiedlichster Art wider. Am deutlichsten zeigt sich dies in Form von schwindender Lebenskraft und Lebensfreude.

Darauf möchte ich etwas ausführlicher eingehen. Die Spannung, von der Ernst Ferstl in Bezug auf die Sexualität sprach, zeigt sich auch in den verschiedenen psychoanalytischen Denkweisen. So gelangte Sigmund Freud zu der Erkenntnis, dass die Sexualität möglichst unterdrückt werden solle, da das Prinzip der reinen Lust nicht mit dem realen Leben zu vereinbaren sei. Sein Schüler Wilhelm Reich hingegen gibt die Empfehlung, die Sexualität auszuleben, um den „sexuellen Haushalt" zu regulieren. Im Laufe der Zeit sei dem Menschen eine unnatürliche Sexualmoral aufgezwungen worden. Der Philosoph Herbert Marcuse kommt zu dem Schluss, dass eine Unterdrückung der Sexualität den Lebenstrieb schwäche, was sich zugunsten destruktiver Kräfte auswirke und somit zu Krieg und Mord führe.[6]

Während meiner Forschungen verriet mir vor ein paar Jahren ein Klinikprofessor Folgendes: Er sei überzeugt davon, dass 80 Prozent der Menschen mit der Diagnose einer somatoformen Störung unter einer Unterdrückung ihrer Sexualität leiden. (Somatoforme Störungen sind körperliche Beschwerden, die sich nicht oder nicht hinreichend auf eine organische Krankheit zurückführen lassen.) Doch selbst auf einem vor kurzem stattfindenden psychiatrischen Symposium zum Thema „Diagnostik und Therapie bei sexuellen Störungen“ wurden keine praktischen Lösungsansätze vorgestellt.

Wie sollen wir nun mit all den unterschiedlichen Theorien zur Sexualität umgehen? Die Erfahrungen der letzten Jahre zeigten mir, dass das eben nur Theorien sind und diese aufgrund verschiedenster Moralvorstellungen ein Verständnis der Sexualität eher blockieren. Dabei offenbarte mir die innere Stimme auch in diesem Zusammenhang erneut:

Die Antwort ist nicht in der Außenwelt zu finden, sondern in uns selbst.

Das heißt, die Voraussetzung für eine erfüllende Sexualität liegt darin, sich zunächst auf sich selbst einzulassen. Denn im Grunde geht es dabei um die Suche nach sich selbst und das Gefühl von Einheit und Geborgenheit. Wenn wir uns bewusst machen, dass unser Leben nur einen Anfang nehmen konnte, weil eine Vereinigung zwischen Mann und Frau auf körperlicher Ebene stattgefunden hat, so erkennen wir, dass schon unser menschlicher Ursprung mit Körperlichkeit und Sexualität verbunden ist. Nach der Geburt findet der Kontakt mit unserem Körper in den verschiedensten Bereichen statt, sei es durch die Aufnahme von Nahrung oder zärtliche Berührungen. Die sexuelle und körperlich-sinnliche Kraft (in ihrer Urform) wird damit in uns bereits schon in frühester Kindheit geweckt. Sie sollte mit dem Älterwerden eine Entwicklung zu einer reifen erwachsenen Sexualität und einer Leidenschaft für das Leben erfahren. Ich schreibe hier bewusst „sollte", denn dies ist heute im Leben vieler Menschen kaum noch der Fall, wie mir meine tägliche Arbeit mit Klienten zeigt. Daraus ergibt sich folgende Problematik:

Wird die uns innewohnende, natürlich gegebene sexuelle Kraft aufgrund von innerer Abwehr nicht genutzt, so verschwindet sie nicht einfach. Vielmehr kommt sie irgendwann auf andere Weise zum Ausdruck.

Die Bandbreite der sich daraus entwickelnden Symptome ist riesig. Dazu ein kurzes Fallbeispiel:

Ein bereits etwas älterer Klient suchte mich in meiner Praxis auf und klagte: „Ich kann nicht mehr, denn seit 10 Jahren plagen mich wahnsinnige Rückenschmerzen. Die Schulmedizin findet nichts und weder Physiotherapie, Homöopathie noch Psychotherapie haben bis jetzt geholfen." Er fragte mich, ob ich da etwas „machen" könne, was für Klienten ja meist so viel bedeutet wie: „Machen Sie mir mal bitte mein Symptom weg." Ich schickte ihn als Erstes in eine Atemerfahrung. Danach schaute er mich mit großen Augen erstaunt an, denn er war fassungslos und fasziniert zugleich, waren doch seine Rückenschmerzen erstmals weg. Natürlich war mir nicht entgangen, dass es sich hier um eine vollkommen gedeckelte Sexualität handelte. Auf meine Frage, wann er diese in seinem Leben das letzte Mal erfahren hat, antwortete er: „Vor ca. 10 Jahren."

Ich möchte hier daran erinnern, dass es nicht darum geht, ein Symptom zu beseitigen. Denn auch wenn ein Klient für den Moment keine Symptome mehr hat, werden diese zurückkommen, wenn er seine innere Stimme weiterhin negiert. Dies wurde dem Klienten in späteren Sitzungen, in denen die Bildersprache der inneren Stimme zum Ausdruck kam, verdeutlicht. Der Hinweis der inneren Stimme war ganz klar: Die Auseinandersetzung mit seiner Sexualität stand dringend an – und dies sicher nicht nur im rein theoretischen, sondern auch im erfahrbaren Bereich.

An dieser Stelle ein paar Fragen zu Ihrer aktuellen Situation. Sicher ahnen Sie es schon:

Was beinhaltet Sexualität für Sie alles?

Und vor allem: Kennen und leben Sie Ihre Sexualität?

Notizen:

....

....

....

....

....

....

....

....

....

....

....

ACHT BEREICHE DER SEXUALITÄT

Durch meine Arbeit mit Klienten und meinen eigenen Erfahrungen haben sich für mich acht verschiedene Bereiche der Sexualität herauskristallisiert. Diese sind unserer inneren Stimme vertraut und tragen mehrere dienliche Komponenten in sich. Das Spannende dabei ist: Viele von uns kommen mit diesen Bereichen oft tagtäglich in Kontakt, nur meist in anderer und damit unerlöster Form.

Die acht sexuellen Bereiche sind:

1. der **spielerische Bereich**, der für Leichtigkeit, Freude und Entdeckung steht

2. der **Abenteuerbereich**, der die Kraft und Energie enthält, auch einmal etwas Verbotenes zu tun, so dass ein gewisser Nervenkitzel durch Anspannung und Entspannung entsteht

3. der klassische **Lustbereich**, in dem man einfach nur die Lust auf Sex auslebt, ob in Form eines Quickies oder länger und ausgiebiger, spielt dabei keine Rolle

4. der **Dominanz-Hingabe-Bereich**, der in Bezug auf Kontrolle, Vertrauen und Loslassen sehr heilsam ist

5. der **Kommunikationsbereich**, ein durchaus wichtiges Gebiet, in dem man mit dem Partner über Wünsche, Erfahrungen oder Bedürfnisse in Bezug auf die Sexualität spricht

6. der **heilsame Bereich**, in dem der Partner innerhalb der Sexualität anerkannt und wertgeschätzt wird, ganz ohne jedes Orgasmusziel (wenn beide Partner müde sind, fällt es leichter, einfach nur zu „sein", ohne Absicht und Ziel)

7. der **rituelle Bereich**, in dem ein Raum vorbereitet werden soll, um dort vor allem sinnliche Berührung in Form von Massage zu erfahren

8. der **soziale Bereich**, in dem es um Verantwortung sich selbst gegenüber geht und darum, diese nicht auf den Partner abzuwälzen, nach dem Motto: „Du musst doch wissen oder spüren, was ich jetzt brauche."

Sexualität ist also mehr als nur der reine Lusttrieb, sie beinhaltet viele Facetten und Erfahrungen. Doch wie gehen wir damit um? Daher sei hier zusammenfassend ganz klar Folgendes gesagt: Wir sollten uns darüber bewusst werden, welche sexuellen Erfahrungen und Vorstellungen wir überhaupt abgespeichert haben, so wie es die innere Stimme im Beispiel am Anfang dieses Unterkapitels zum Ausdruck bringt. In diesem Fall hatte sich die Klientin sehr weit von ihren tieferen sexuellen Wünschen wegbewegt. Obwohl sie die Vorstellung von Romantik abgespeichert hatte, verspürte sie eigentlich den Wunsch nach purer Triebhaftigkeit, den auch ihre innere Stimme zum Ausdruck brachte. Dabei werden gleich mehrere der acht Bereiche der Sexualität berührt: der Lustbereich, der Dominanz-Hingabe-Bereich und die Kommunikation. Gerade die Kommunikation ist innerhalb der Sexualität sehr wesentlich, denn die Partner sollten miteinander über ihre wahren sexuellen Wünsche sprechen. Können Sie das?

SCHAMGEFÜHLE

In der Verleugnung der eigenen sexuellen Wünsche verbirgt sich oft das Gefühl von Scham. Dieses zählt wohl zu den stärksten und unangenehmsten Empfindungen von uns Menschen, denn wir fühlen uns dann in unserem Kern getroffen. Am liebsten möchten wir in solchen Momenten in den Boden versinken. Doch durch die häufig bei Scham entstehende Röte im Gesicht ziehen wir das Interesse noch mehr auf uns. Letztendlich ist die Scham ein tiefes soziales Gefühl, denn wer sich schämt, fürchtet, einen Fehler begangen zu haben. Dadurch besteht die Gefahr, von der Gemeinschaft verachtet oder sogar verstoßen zu werden. In Zukunft wird man diesen vermeintlichen Fehler also möglichst unterlassen.

Natürlich folgt auch die Scham dem Polaritätsprinzip. Einerseits ist sie innerhalb einer Gemeinschaft sicherlich von Nutzen, aber andererseits kann zu viel Scham auch zu unterdrückten Gefühlen führen. Bezogen auf den Bereich der Sexualität tritt Scham zu Beginn der Pubertät aufgrund der anfänglichen Unsicherheit etwas häufiger auf, was sich im Erröten widerspiegelt. Durch die wachsende Erfahrung mit der Sexualität hört das Erröten meist auf.

Wie ich beobachtet habe, ist es vielen Klienten recht peinlich, in der Therapie über Sexualität zu sprechen. Dabei ist es egal, ob sexuelle Erlebnisse, Träume und Wünsche im reinen Gespräch oder durch die Bildersprache der inneren Stimme wiedergegeben werden sollen. Natürlich gibt es auch das ganze Gegenteil – Klienten, die geradezu mit Begeisterung über das Thema Sexualität sprechen. Doch im Normalfall verhalten sich die meisten anfangs eher reserviert. Letztendlich kommt aber keiner an dem Thema wirklich vorbei, denn es ist für viele persönliche Probleme von Bedeutung.

Doch was verbirgt sich hinter dem Gefühl von Scham?

Und wie viel Scham tragen Sie selbst in sich?

Notizen:

....

....

....

....

....

....

....

....

....

Dazu auch eine etwas ausführlichere Bildsequenz eines Klienten, in dessen Leben die Scham bereits in verstärkter Form Einzug gehalten hatte:

„Die Frau, die auf dem Tisch tanzt, sieht unwahrscheinlich erotisch aus. Sie trägt ein rotes Kleid und reizt mich beim Tanzen immer wieder, indem sie den Rock schwenkt. Ich versuche die ganze Zeit, ihr unter den Rock zu schauen, es macht mich an, und meine Erregung steigt. Die anderen Männer um mich herum interessieren mich nicht, nur die tanzende Frau. Ich selbst bin Hufeisenschmied, verheiratet mit einer Frau und habe Kinder. Aber das ist anders. Irgendetwas reizt mich mehr an der Frau, die auf dem Tisch tanzt. Da ist etwas Verbotenes, etwas Feurigeres. Sie erscheint so unnahbar, so weit weg, und das reizt mich noch mehr. Mein großer Wunsch ist, mit ihr zu schlafen."

Die innere Stimme weist damit auf die Wünsche bezüglich der Sexualität des Klienten hin. Ein Anteil in ihm wünscht sich Sex mit der fremden Frau, welcher wohl eher etwas abenteuerhaftem und verbotenem Sex in seiner Vorstellung entspricht, und ein anderer scheint es zu verhindern. Die Sexualität des Mannes ist somit völlig blockiert. Dabei wäre es an der Zeit, die Kommunikation mit seinem inneren Anteil in Form der Ehefrau zu suchen. Doch danach sieht es eher nicht aus:

„Meine Frau und ich, wir haben sehr wenig Sex. In mir ist nur noch Frust, und die andere Frau geht mir nicht mehr aus dem Kopf. Selbst in der Nacht träume ich von ihr. Das geht jede Nacht so, und am Morgen ist immer wieder die Hoffnung da: Heute ist ein neuer Tag, und vielleicht erfüllt sich dein Traum eines Tages."

Der Ausdruck der Frustration deutet auf eine sehr tief liegende Blockierung hin, die durch starke Selbstabwertung begründet ist. Sicher laufen wir nicht ständig mit Lustgedanken durch die Welt, doch sie sind da und werden häufig aus Scham, oder um gesellschaftskonform zu sein, unterdrückt. Dies kann sich dann folgendermaßen äußern:

„Ich empfinde mich eher als unscheinbar, mein Körper ist männlich, was ich für meine Arbeit auch benötige, denn Kraft habe ich schon. Meine Lust

spüre ich nur, wenn ich an die Frau denke, denn so unterdrücke ich sie. Als würde ich mit dem Hammer auf das Schmiedeeisen knallen, meine Wut auslassen und die Lust wegdrücken. Etwas zu wollen, was ich nicht haben kann, ist frustrierend. Innerlich bin ich sauer und enttäuscht."

Im Leben drückt sich Frustration sehr unterschiedlich aus, entweder in Form von verbaler oder auch körperlicher Gewalt oder vielerlei anderen Ablenkungsmitteln, zum Beispiel „Frustessen".

Die eigentliche Scham, die sich im Falle des Klienten jedoch dahinter verbirgt, bezieht sich auf seine eigene große Lust. Dabei spielt auch das Geschlecht keine Rolle, da Männern Lustverhalten ja meist eher zugestanden wird (was jedoch, wie meine Erfahrungen in der Kommunikation mit der inneren Stimme meiner Klienten zeigen, unberechtigt ist). Eine Möglichkeit wäre hier, mit der Partnerin über die eigenen Wünsche zu kommunizieren:

„Am schönsten wäre es für mich, mit meiner Frau den Sex haben zu können, den ich mir wünsche. Doch meine Frau ist so ein Mauerblümchen, immer für die Kinder da, und es ist immer alles ordentlich und schön. Möglichst hat sie zudem noch eine Haube auf dem Kopf. Aber der Sex mit ihr kommt mir immer so vor, als wäre es für sie wie ein notwendiges Übel. Sie macht es zwar mit mir, aber es ist kein heißer Sex. Es ist nichts."

Das, was Sie sich im realen Leben vielleicht hier und da aus Scham nicht getrauen, können Sie im Kontakt mit Ihrer inneren Stimme auf leichte Art probieren, um dabei ein Gefühl dafür zu bekommen, wie es ist, bisherige Vorstellungen einfach loszulassen. So sieht das Ganze dann im Ergebnis aus:

„Wie kann ich diese Rollen nur durchbrechen? Habe ich doch Angst, sie damit zu verletzen, wenn ich ihr sage, was wirklich in mir vorgeht, was ich mir wünsche. Ich will endlich diesen Sprung machen und probiere es.

Die Kinder sind nicht da, sie steht am Herd und kocht Essen. Ich stelle mir vor, wie sie ein rotes Kleid anhat, und fange von hinten an, sie zu küssen, einmal nicht im Bett, wo sie sich hinlegt und ich mich drauf. Ich beginne sehr langsam, um sie damit vertraut zu machen, dass ich auch außer der Reihe mal ankomme. Sie dreht sich um und geht darauf ein, lächelt mich an, setzt sogar ihre Haube ab. Sie hat wunderschöne lange Haare. Ich brauche gar nichts zu sagen, nicht einmal darum zu bitten. Sie geht komplett darauf ein.

Am meisten macht es mich an, ihr unter den Rock fassen zu können, ihn einfach so hochzuziehen. Ich lege sie auf den Küchentisch und ich habe das Gefühl, auch meine Frau hat zum ersten Mal richtig Lust dazu."

Dieser Meilenstein, es einfach zu tun, ist an diesem Punkt bereits geschafft. Doch lässt sich das jetzt auch gleich spüren?

„Ich kann völlig leicht in sie eindringen, sie ist ganz feucht, doch spüren kann ich nichts. Warum kann ich diese Sequenz plötzlich nur in Bildern sehen und nicht fühlen? Was hält mich zurück? Meine Frau ist mir doch bekannt. Geniere ich mich etwa, mich meiner Frau so zu zeigen und mich dem ganz hinzugeben?"

Hier hat sich das Schamgefühl im Leben so stark manifestiert, dass selbst ein Orgasmus keine Chance mehr hat. Die eigenen Lustgefühle sind soweit verdrängt, dass die Scham die Oberhand gewinnt.

VERDRÄNGTE LUST

Die Verdrängung an sich ist etwas völlig Normales und wird als Abwehrmechanismus der Psyche gesehen. Dabei ist es aber ein grundsätzlicher Unterschied, ob wir uns bewusst dafür entscheiden, zum Beispiel nicht ständig daran zu denken, dass unser Leben nur auf eine bestimmte Zeit begrenzt ist, oder ob wir etwas unbewusst aufgrund innerer Konflikte verdrängen, die wie ein Schwelbrand in uns lodern. Den Schwelbrand können Sie nur löschen, wenn Sie sich mit dem Konflikt auseinandersetzen, vor allem mit dem ihm zugrundeliegenden Gefühl. Ein bewusster Umgang mit einem derartigen Konflikt wäre also bedeutend hilfreicher.

In Bezug auf die verdrängte Lust kommt noch der Gedanke ins Spiel: Was sollen denn die anderen von mir denken? So entsteht innerlich eine große Hemmung, sich mit seiner Lust zeigen zu dürfen. Dabei ist dies in unserem Fallbeispiel genau der Wunsch der inneren Stimme, denn die Ehefrau sehnt sich die ganze Zeit danach, von ihrem Mann begehrt zu werden. Das Schamgefühl entsteht also oft nur durch unsere Vorstellungen, die wir uns über die anderen machen und vor allem darüber, was sie von uns denken könnten.

In dem Fallbeispiel kommt auch noch die Vorstellung hinzu, dass sich Lust und die Elternrolle nicht miteinander vereinen lassen. Dies drückt sich dann in Gedanken aus wie: „Ich muss mich jetzt am Riemen reißen, damit ich treu bei meiner Familie bleibe." In der Tiefe ist dies für den Klienten frustrierend. Die Einengung treibt ihn fast in den Wahnsinn. Dabei stellt es rein objektiv gesehen keinen Widerspruch dar, die eigene Lust auszuleben und Kinder zu haben. Es ist vielleicht etwas schwierig, beidem gerecht zu werden, jedoch keine Unmöglichkeit.

Vor dem Hintergrund der verdrängten Lust ist es wenig erstaunlich, dass sich die Bücher der „Fifty Shades of Grey"-Trilogie innerhalb kürzester Zeit weltweit über 100 Millionen Mal und davon allein 5,7 Millionen Mal in Deutschland verkauft haben.[7] Diese Verkaufszahlen stellen einen Ausdruck für das

In-Erscheinung-Treten bislang verdrängter innerer Anteile der Menschen dar.

Natürlich gibt es jede Menge kritische Stimmen zu diesem Werk, und ich möchte an dieser Stelle auch nicht weiter auf Inhalt und Umsetzung des gleichnamigen Films eingehen. Mir geht es vielmehr um das Thema als solches, sich frei von jeglichen Vorstellungen zu gestatten, einmal über den Tellerrand hinauszuschauen.

Wie oft haben Sie sich schon in Ihrem Leben getraut, über den Tellerrand zu blicken?

Oder hörten Sie bereits bei dem Versuch dazu eine kritische Stimme, die sagte: „Das macht man doch nicht!", und sofort schickten Sie den Impuls in die Verbannung?

Notizen:

....

....

....

....

....

....

....

....

....

....

In der Sprache der inneren Stimme kann es folgendermaßen zum Ausdruck kommen, wenn die niederen Triebe völlig verbannt wurden und einer ablehnenden Bewertung unterliegen:

„Ich tanze in einem Wirtshaus auf dem Tisch für andere. Es macht mir Spaß in meinem Bauernkleid. Die anderen pfeifen, jubeln, und ich tanze ganz wild. Doch ich passe immer auf, dass mich niemand anfasst. Meine ausstrahlende Energie ist feurig angehoben, doch die Energie der anderen, es sind fast nur Männer, empfinde ich als niedrig, wie die unterste Energiestufe, die Triebhaftigkeit. Ich komme mir vor, wie eine Hexe und stelle meine Energie über die der Männer. In dem Moment, wo sich die Energien berühren, fängt es an, mir Angst zu machen. Es fühlt sich an, als ob ich von deren Energie eingenommen werde. Ich spüre schon wieder den Punkt in mir, es jeder Zeit abbrechen zu können, bevor es zu einer Berührung kommt. Im Grunde meines Herzens empfinde ich die Männer da unten als widerlich und eklig."

Hier hat der Klient einen Perspektivenwechsel vollzogen und sieht sich in der Rolle der von Männern umschwärmten Frau. Im realen Leben zeigt sich das Verdrängen der Sexualität in Form von Schwäche aufgrund fehlender Lebensenergie. Die Symptome, mit welchen der Klient damals kam, wie ständige Müdigkeit, Energiemangel, Reizbarkeit und Appetitlosigkeit, deuteten bereits auf eine mittelgradige Depression hin. Dabei wünscht sich die innere Stimme Lebensenergie. Dies wird dann auch in einer späteren Bildsequenz deutlich:

„Ich bin jetzt ungefähr 20 Jahre, und auf dem Foltertisch liegt eine nackte Frau. Wir haben alle eine Peitsche in der Hand und schlagen auf ihren Körper ein. Ich mache mit, und es macht mir Spaß. Dieser nackte Körper ist für mich wie ein Gefühl von Lust. Ihr weh zu tun, macht mich an. Es erregt mich. Sie kann sich nicht wehren."

Der in dieser Form ausgedrückte Lusttrieb deutet auf eine unbewusste und unerlöste Lust im realen Leben hin. Die eigene Sexualität nicht zu leben, heißt, sich selbst Schmerzen zuzufügen, wie auf einem Foltertisch. Gleichzeitig bringt die innere Stimme hier noch das Thema Kontrolle zur Sprache. Dafür, alles im Leben kontrollieren zu wollen, wird jede Menge an Lebensenergie aufgewendet. Innerhalb des sexuellen Bereiches von Dominanz und Hingabe ließe sich auch dieses Thema im Leben auf leichte Art einfach in Erfahrung bringen und somit auflösen.

Obwohl die Verdrängung einerseits für uns Menschen ein sinnvoller Mechanismus ist, so zeigt sie sich doch auch in Form von unterdrückter Lebensenergie. An diesem Punkt möchte ich Sie nochmals an Kapitel 3 erinnern, in dem von „Bewusst machen" bis zu

„Verbindung herstellen“ beschrieben wurde, wie Sie wieder Zugang zu Ihrer inneren Stimme bekommen. Haben Sie Vertrauen in Ihre innere Stimme, sie wird Sie führen und Ihnen das zeigen, was für Sie wichtig und dienlich ist. Sobald Sie anfangen, wieder hinzuhören, werden Sie auch in der Außenwelt Hinweise entdecken. Sie brauchen anschließend nur noch zugreifen und das Geschenk auspacken.

AUSTAUSCH VON LEBENSENERGIE

Auf dem Weg zu sich selbst geht es in der Sexualität noch um ein ganz anderes zentrales Thema: Hier berühren sich unmittelbar zwei gegensätzliche Pole – Mann und Frau – und dies auf zwei unterschiedlichen Ebenen. Die körperlich-materielle Ebene ist allen von uns vertraut. Die zweite Ebene offenbart sich allerdings erst bei genauerer Betrachtung. Wir alle kennen die wirksamen Kräfte zwischen den Polen Mann und Frau. Diese Kräfte können sowohl anziehend als auch abstoßend sein, und wo Kräfte wirken, sind auch immer Energien mit im Spiel. Die zweite Ebene ist somit von energetischer bzw. feinstofflicher Natur. Dabei handelt es sich um Lebensenergie, was besonders augenscheinlich wird, wenn durch Sexualität neues Leben entsteht. Energie befindet sich nie in Ruhe, sie unterliegt einer allgegenwärtigen, immerwährenden Umwandlung von einer Form in eine andere. Es findet somit ein fortlaufender Energieaustausch von einem Pol zum anderen statt. Das bedeutet also:

Sexualität ist ein Austausch von Lebensenergie auf körperlicher und feinstofflicher Ebene.

Wenn man sich dies bewusst macht, wird man zu dem Schluss kommen, dass ein wahlloser, rein körperlich-sexueller Austausch, wie er heutzutage vielerorts propagiert und ausagiert wird, nicht zu empfehlen ist. Denn die energetische Komponente bleibt dabei leider meist völlig unbeachtet.

Wenn der natürliche Fluss von Lebensenergie entweder unkontrolliert ausufert oder blockiert und behindert wird, entstehen körperliche und/oder der seelische Symptome.

ERLÖSTE SEXUALITÄT

Zum Abschluss des Themas Sexualität möchte ich noch ein Fallbeispiel dafür betrachten, wie Sexualität in ihrer erlösten Form gelebt werden kann. Hier bestand die Schwierigkeit der Klientin im Vorfeld darin, sich über die eigenen starken Lustgefühle aus Scham gar nicht bewusst zu sein. Dazu kam ein starkes Bedürfnis nach Bindung und gleichzeitig nach Freiheit, also eine sehr intensive Polarisierung beider Bereiche. Da es jedoch nicht möglich ist, auf Dauer nur einen Pol zu leben, kam es natürlich zum Konflikt. Dies führte dazu, dass die Klientin die Sexualität gleich ganz verdrängte. Durch die Kommunikation mit der inneren Stimme zeigten sich dann Wunsch und Lösung im sexuellen Bereich in folgender Bildsequenz:

„Im Bett ist unsere Sexualität sehr liebevoll, doch manchmal schleichen wir uns heimlich raus und lieben uns auch außerhalb vom Schloss. Wie zwei frisch Verliebte, die das Schloss einfach verlassen und sich leidenschaftlich und verboten im Wald lieben. Das ist unser Geheimnis. Hier bin ich also endlich mal im Gleichgewicht zwischen Freiheit und Bindung."

Das Schloss verstärkt zum einen aufgrund seiner Größe die Bedeutung des Themas Sexualität und steht zum anderen für steife, angeeignete Normen. Die Lösung liegt hier im Verlassen dieser Normen, was symbolisiert wird durch das Heraustreten aus dem Schloss in den Wald, einen natürlichen Bereich, in dem sich Sexualität endlich unbefangen leben lässt.

Sexualität ist die höchste Form und Energie, die uns im Leben zur Verfügung steht. Da der Mensch von Anfang an auf der Suche nach

Einheit ist, besteht sein gesamtes inneres Streben letztendlich darin, den Weg dorthin zurückzufinden. Sexualität stellt eine Möglichkeit dar, zumindest kurzfristig Momente von Einheit zu genießen. Man könnte auch sagen:

Sexualität ist Meditation durch den Körper.

Also gehen Sie in Kontakt mit sich selbst. Haben Sie Mut, die acht Bereiche der Sexualität auszuprobieren, Ihren eigenen Kern und Ihre Intensität mit Unterstützung der inneren Stimme darin zu finden. Meditieren Sie auf diese Art und Weise durch den Körper. Abgelehnte und ungenutzte sexuelle Kräfte brachten Symptome und Schmerz, der neue Erfahrungsschatz bringt Kraft, Stärke und die Verbindung zu uns selbst.

4.2

Lebensbereich: Beziehungen

Kommen wir zu einem weiteren großen Erfahrungsbereich, den Beziehungen in unserem Leben. Diese zeigen sich in der Außenwelt in verschiedenen Formen, ob zu unserem Partner, unseren Kindern, Kollegen, Freunden, Eltern, zu Systemen, Sachen und letztendlich zu uns selbst.

SELBSTFINDUNG UND ABGRENZUNG

Da wir in einer Welt der Polarität leben, vollzieht sich unsere menschliche Entwicklung vor allem in Beziehungen. Wir sind uns dabei gegenseitig nützlich, indem wir uns durch den vorgehaltenen Spiegel des anderen immer wieder neu sehen und entdecken können. Kritisch wird es erst an dem Punkt, wenn wir dabei vergessen, unser eigenes Bild von uns darin zu erschaffen und uns stattdessen nur noch danach richten, was andere von uns denken, erwarten oder sagen.

Nehmen wir einen Apfel als Beispiel. Angenommen Ihr innerer Bauplan – zu verstehen als Wunsch Ihrer inneren Stimme – entspricht dem eines gelben Apfels, doch im Laufe der Zeit lernen Sie auch rote und grüne Äpfel kennen. Aufgrund äußerer Umstände, beispielsweise Ihrer Erziehung, kommen Sie zu dem Entschluss, dass Sie lieber ein roter oder ein grüner Apfel sein wollen. In diesem Moment fangen Sie an, sich immer mehr von sich selbst zu entfernen. Dies verdeutlicht ein Albert Einstein zugeschriebenes Zitat:

„Jeder ist ein Genie! Aber wenn du einen Fisch danach beurteilst, ob er auf einen Baum klettern kann, wird er sein ganzes Leben glauben, dass er dumm ist." [8]

Im Grunde versuchen wir sehr häufig, jemand anderes als wir selbst zu sein. Dies läuft bei den meisten unbewusst ab.

Innerhalb von Beziehungen findet ein ständiges Pendeln zwischen zwei Polen statt – einerseits gleichen wir uns an den anderen an und andererseits grenzen wir uns von ihm ab, um uns selbst zu finden.

PROJEKTION

Da ich in meiner Praxis sehr häufig auch mit Paaren arbeite, möchte ich das Thema im Bereich der Paarbeziehung mehr vertiefen und mit einem Fallbeispiel für eine klassische Intervention zum Thema Projektion beginnen:

Ein Paar kommt in die Praxis und im Laufe des Gespräches wird schnell deutlich, dass beide nur noch Kritik aneinander üben. Jeder ist natürlich der Meinung, Recht zu haben. Um was es dabei geht, spielt letztendlich gar keine Rolle mehr. Die Gedankenhygiene, welche hier jetzt erfolgen darf, ist, sich auch einmal wieder auf den Blickwinkel des Partners zu besinnen. Deshalb erkläre ich meinen Klienten Folgendes:

„Stellen Sie sich vor, Sie stehen am Morgen im Bad vor dem Spiegel und entdecken in Ihrem Gesicht einen Pickel, der Ihnen missfällt. Wo würden Sie dann den Pickel entfernen? Bei sich oder am Badspiegel? ‚Natürlich bei mir selbst', werden Sie jetzt sicher sagen. Doch wie sieht es aus, wenn Sie das Bad verlassen? Was tun Sie dann zum Beispiel auf der Arbeit oder in der Beziehung? Im Grunde alles, was wir bei uns selbst ablehnen, finden wir auch in der Außenwelt auf ähnliche Art und Weise wieder. So werden Ihnen also an diesem Tag auch Leute mit Pickeln begegnen, eventuell ist darunter sogar Ihr Partner, um es Ihnen stellvertretend zu spiegeln. Nur vergessen Sie vielleicht, dass der Pickel ja an Ihnen ist, und fangen plötzlich an, ihn bei Ihrem Gegenüber ausdrücken zu wollen."

Dieses Beispiel lässt sich auf alle Bereiche unseres Lebens übertragen. Beobachten Sie sich einmal bewusst, es lohnt sich!

Letztendlich ist eine Projektion also nichts anderes, als dass man anderen Menschen Themen, Ängste, Schwächen oder Probleme zuschreibt, die man selbst unbewusst in sich trägt. In dem Moment, wo man sich über jemand anderen aufregt, redet man somit im Grunde von sich selbst.

Diese Tatsache zu akzeptieren erfordert einen gewissen Mut. Denn wenn man versteht, dass wir alle projizieren, und sich bewusst damit auseinandersetzt, kann man von da an nicht mehr so einfach über andere urteilen. Nun ist stets die Frage mit im Raum, ob es sich dabei gerade um die eigene Projektion handelt. Das vorherige Schwarz-Weiß-Denken bekommt dann ein paar Graustufen. Das Ganze mag vielleicht anstrengend erscheinen, doch dafür wird man als Mensch ein Stück reifer, erwachsener und differenzierter. Sobald Sie sich immer häufiger die Frage stellen: „Was hat die jeweilige Situation mit mir zu tun?“, kommen Sie wieder vielmehr mit sich, Ihren Gefühlen und somit mit Ihrer inneren Stimme in Verbindung. Dadurch können Sie dann auch die Projektion auf Ihr Gegenüber zurücknehmen. Sie werden erstaunt sein, wie sich in solchen Momenten manch festgefahrene Situation verändert. Probieren Sie es aus!

BEZIEHUNGSMODELLE

Ein weiterer größerer Aspekt innerhalb unserer Beziehungen ist das Beziehungsmodell. In unserer heutigen Zeit scheint die klassische Ehe für viele ein Auslaufmodell geworden zu sein. Inzwischen haben hier ganz andere Spielarten Einzug gehalten. Diese reichen von der Fernbeziehung über die offene Beziehung, das Mingle-Modell (eine Mischung aus Singleverhalten und Beziehung), das Patchwork-Modell bis hin zur bilokalen Variante. Dies hat die gleiche rasante Entwicklung durchgemacht wie unsere moderne Technik. Ging es früher mehr um den ökonomischen Aspekt innerhalb einer Beziehung, entsteht sie heute vielmehr aufgrund von Emotionen und Intimität. Dadurch sind die Anforderungen an eine Beziehung gestiegen. Die Parameter Verstandenwerden, Vertrauen und Sexualität sind heutzutage viel bedeutender. Deshalb ist auch die Bereitschaft, die Beziehung zu beenden, wenn es nicht gut läuft, gestiegen. Die Beziehungsqualität ist also gegenüber der Beziehungsdauer wichtiger geworden.

Prinzipiell ist dem Gesagten ja nichts entgegenzusetzen, die Zeit entwickelt sich eben weiter. Doch auch hier stellen sich Fragen:

Was sagt Ihnen Ihre innere Stimme dazu?

Welches Beziehungsmodell will Ihre innere Stimme verwirklicht sehen?

Bitte machen Sie sich hierzu ein paar Notizen.

Notizen:

....

....

....

....

....

....

....

....

....

INNERE KONFLIKTE

In diesem Abschnitt wollen wir uns anhand einiger Beispiele anschauen, wie sich Ihre innere Stimme äußert, wenn es im Bereich Beziehungen innere Konflikte gibt, und im Anschluss, wie sie sich in erlöster Form ausdrückt.

An inneren Konflikten sind immer mehrere innere Anteile beteiligt. Zur Vereinfachung habe ich mich entschieden, diese im Weiteren mit Begriffen wie Freiheitsanteil, Bindungsanteil oder triebhafter Anteil zu benennen. Grundsätzlich halte ich mich jedoch von einer Kategorisierung fern, damit der Ausdruck des eigenen Inneren auch weiterhin der individuellen Sprache Ihrer inneren Stimme entspricht.

In der folgenden Bildsequenz geht es um eine innere Auseinandersetzung, in der sich die Klientin mit der Frage beschäftigt, ob sie ihre Beziehung beenden soll. Im Leben ist die Situation bereits so verfahren, dass sie darin den einzigen Ausweg sieht. Dies bringt ihre innere Stimme folgendermaßen zum Ausdruck:

„Mittlerweile bin ich älter und habe zwei Kinder. Es sind Zwillinge. Ich umarme sie und habe dabei ein eigenartiges Gefühl in mir. Ich habe Angst, dass etwas passieren könnte. Hinter meinen Kindern steht ein Mann. Er bedroht mich zwar nicht körperlich, doch irgendetwas stimmt nicht. Ich empfinde es einfach als Bedrohung. Als ob er meine Kinder festhält und sie nicht zu mir gehören. Doch ich möchte sie gern haben. Es sind meine Kinder. Ich stehe ihm gegenüber und bin mir unsicher, ob ich ihm jetzt sage, dass ich meine Kinder will, oder ob ich nichts sage. In mir ist nur ein Gedanke: Wenn ich etwas sage, dann werde ich wieder geschlagen. Er hat seine Hände auf ihren Schultern, eine rechts und eine links. Ich habe einfach Angst, etwas zu sagen, und auch Angst, weiterhin zuzuschauen. Mir zerreißt es bald mein Herz. Was soll ich nur machen? Und so entscheide ich mich, zu gehen. Ich ziehe mich in Einsamkeit zurück."

So wie uns in der Außenwelt unser jeweiliges Gegenüber als Spiegelbild dient, ist das gleichsam auch im Inneren der Fall. Das heißt, die Figuren, die uns dort begegnen, sind immer Anteile von uns selbst. Daher sind auch der Mann und die Kinder hier nur ein Spiegel von dem, was im Inneren der Klientin stattfindet. In ihr lebt ein starker männlicher Anteil, der die Gefühle kontrolliert – ein Mann, der die Kinder festhält, und das letztendlich aus Angst. Nur lassen sich Gefühle bekanntermaßen nicht so einfach kontrollieren. So zeigt die Angst vor dem Geschlagenwerden, dass die Klientin ihre niederen Triebe erahnt. Doch hier liegt der Deckel drauf.

Ihre innere Stimme zeigt ihr, was passieren würde, wenn sie sich von ihrem Mann trennt: Sie würde sich in die Einsamkeit zurückziehen. Das erscheint sicher nicht so einfach für den ersten Moment. Doch geht es zunächst darum, dass die Klientin sich dies bewusst macht. Sie muss dann lernen, sie selbst zu sein, nach ihrem eigenen inneren Bauplan zu leben, um letztendlich glücklich werden zu können.

In der Kommunikation mit der inneren Stimme, mit der die Klientin nun einen regelrechten Dialog führt, geht es dann so weiter:

„Eigentlich wollte ich doch wieder lebendig werden. Doch wie kann ich mit meiner Angst umgehen, geschlagen zu werden?

Der Gedanke, meinen Mann zum Teufel zu schicken, fühlt sich für mich nicht so stimmig an, da ich dann mit den Kindern allein dastehe. Die Frage, welche hier kommt: ‚Brauche ich einen Mann für die Kinder?' Ja! Ich möchte gern beides, Kinder und Mann. Ich fühle mich hilflos und entscheide mich für die Liebe. Doch das kann ich im Herzen nur für meine Kinder empfinden, aber nicht für meinen Mann. Für meinen Mann kann ich gar nichts empfinden. In mir ist der Gedanke: Es wird sich ein neuer Vater finden. Die Kinder stehen da, schauen nach unten und sind traurig. Ich fühle, dass sie uns beide lieben. Doch ich hocke mich wieder zu ihnen und sage: ‚Es ist einfach so im Leben, dass man auch so einen Weg gehen muss. Wir werden gemeinsam da durchgehen.' Für den Anfang übernehme ich die männliche Rolle für meine Kinder mit. Sie sind noch klein. Sie sind höchstens 4 bis 5 Jahre alt. Es ist ein eigenartiges Gefühl. Der Mann wirkt mir gegenüber fast drei Köpfe größer. Wie eine völlig unförmige Maschine, die ihre Arme ausbreitet und mich umschlingt. Das möchte ich nicht. Das engt mich ein."

Ein innerer Anteil (Freiheit) der Klientin will sich trennen, ein anderer Anteil (Bindung) denkt an die Kinder, die einen Vater wollen, und dies tut auf emotionaler Ebene weh. Wenn sie sich jetzt in der Außenwelt von ihrem Partner trennt, löst dies nicht den inneren Konflikt, der ja in ihr lebt, auch wenn er sich in der Lebenssituation zeigt.

Wenn Sie selbst Kinder haben, so ist Ihnen sicher aufgefallen, dass diese in ihrem Verhalten oft ganz unterschiedlich sind. Und so können Sie sich auch die Unterschiedlichkeit der inneren Anteile vorstellen. Doch man sollte sich ausgewogen um alle kümmern. Dies gilt es, sich bewusst zu machen. Sind die Anteile Freiheit und Bindung beide sehr stark ausgeprägt, wird sich das Beziehungsmodell einer klassischen Ehe nur schwer umsetzen lassen. In diesem Fall sollten Sie mit dem Partner eine offene und klare Kommunikation führen.

KONSEQUENZEN ZIEHEN

Natürlich gibt es im Leben Situationen, die es notwendig machen, ganz klar Konsequenzen zu ziehen und sich aus einer Partnerschaft zu lösen, auch wenn damit dem ursprünglichen inneren Konflikt nicht Genüge getan ist. Diese Entscheidung verlangt oftmals eine gehörige Portion Mut. In der heutigen Zeit finden Trennungen teilweise aber sehr schnell statt, ohne sich die Chance des gemeinsamen Wachstums zu geben. Wobei hier deutlich gesagt sein muss, dass es eben nur „gemeinsam" geht. Beide Partner haben die Möglichkeit, in der Beziehung zu erkennen, welche eigenen Probleme auf den anderen projiziert werden. In dem Moment, wo nur einer der Partner sich bewusst mit sich selbst auseinandersetzt, ist es oft viel schwieriger. Deshalb empfehle ich es immer beiden.

Konsequenzen zu ziehen, ist in jeglicher Hinsicht wichtig und stellt einen entscheidenden Schritt auf dem Weg zu sich selbst dar. Wie sollte sich sonst etwas ändern? Hierbei kann es sich um die Änderung von Gedankenmustern, Vorstellungen oder ganz praktischen Dingen handeln.

Es ist illusorisch zu glauben, etwas in eine Form zu zwingen, in der Ketten gesprengt werden müssen.

An diesem Punkt fragen mich die Klienten oft: „Und was nützt mir das?“

Diese Frage ist ganz natürlich, denn es muss ja etwas Gewohntes aufgegeben werden. Und zwar: Indem Sie endlich damit aufhören, sich selbst in Ihrer eigenen Art zu verleugnen. Dabei kommt Ihre Lebensenergie wieder in Fluss und Sie damit wieder in Ihre Mitte.

KOMMUNIZIEREN

In welcher Form von Beziehung leben Sie gerade? Sind Sie glücklich? Wenn nicht, dann schreiben Sie links das hin, was Sie sich wünschen, und rechts das, was Sie selbst bereit sind, zu geben.

Ich wünsche:	Ich gebe:
....	....
....	....
....	....
....	....
....	....
....	....
....	....
....	....

Optimalerweise sollte nun in der linken Spalte genauso viel stehen wie in der rechten. Ist dies nicht der Fall, dann bringen Sie es ins Gleichgewicht.

Ein Ungleichgewicht von Geben und Nehmen sorgt auf die eine oder andere Art immer für Stress im Leben. Dabei hat nicht Ihr Partner für das Auffüllen der Lücke zu sorgen, das können Sie nur selbst tun.

Um Ihrem Partner Ihre Wünsche mitzuteilen, müssen Sie mit ihm kommunizieren. Doch wie kommunizieren wir in unseren Partnerschaften? Manchmal fragt man sich auch: Kommunizieren wir überhaupt noch?

Dabei rede ich nicht von alltäglichen organisatorischen Themen, welche sicher dazu gehören, sondern um unsere Wünsche und Gefühle hinsichtlich der Beziehung selbst. So gut wie in jeder Firma gibt es in regelmäßigen Abständen ein sogenanntes Meeting. Dies dient dazu, die Firma gut am Laufen zu halten. Somit sollten wir uns auch in regelmäßigen Abständen über unsere Beziehung unterhalten. Doch wieso geschieht es hier eher selten? Dafür werden am häufigsten die beiden folgenden Gründe genannt: „das Gefühl, nicht verstanden zu werden, in dem, was man ausdrücken will“ und die damit verbundene „Angst, für das, was man sagt, abgelehnt zu werden“. Und deshalb sagen wir lieber nichts. Dies führt dann dazu, dass sich so viel anstaut, dass wir irgendwann explodieren, was dann auf eine destruktive und gewaltvolle

Kommunikation hinausläuft. Oder wir schlucken so lange alles in uns hinein, bis unser Inneres Schaden genommen hat. Beide Varianten sind nicht zu empfehlen! Bitte denken Sie nicht: Mein Partner muss doch spüren, wie es mir geht! Wieso sagt er nichts? Unser Verhalten ist zwar darauf ausgerichtet, unsere Bedürfnisse zu erfüllen, dies heißt aber nicht, dass dafür der Partner zuständig ist, nach dem Motto: „Errate mal, wie es mir geht oder was ich mir wünsche." Innerhalb solcher Gedankenmuster und Vorstellungen geraten wir sehr schnell zu Bewertungen und Interpretationen. Daraus entstehen Vorurteile, welche einen Konflikt schon fast unausweichlich machen. Also setzen Sie sich hin und reden Sie miteinander, und zwar über das, was Sie wirklich im Inneren beschäftigt und bewegt. Für den Anfang empfehle ich Paaren oft eine kleine Übung.

PAARÜBUNG

Setzen Sie sich gemeinsam hin und verabreden Sie, wie lange jeder von Ihnen sprechen darf. Am Anfang können 5 Minuten manchmal schon recht lang erscheinen.

Die Aufgabe besteht darin, nur über Ihre eigenen Gefühle zu reden, und zwar in der „Ich-Form". Die Sätze sollen also nicht mit „Du hast ..." oder „Mir geht es schlecht, weil du ..." begonnen werden. Während der ersten 5 Minuten schweigt der Partner, egal ob Sie die ganze Zeit etwas sagen oder nicht.

Anschließend wird gewechselt.

Und auch Ihr Partner soll nur von seinen eigenen Gefühlen reden, keine Rechtfertigungen oder Kommentare zu Ihren vorherigen Worten abgeben. Dann kommt es auf die jeweilige Situation an. Eine Möglichkeit wäre, sich für einen Moment gegenseitig Raum und Zeit zu geben, um das Gesprochene wirken zu lassen. Vielleicht verspüren Sie aber auch beide den Impuls, sich nun schweigsam und innig zu umarmen. Es gibt hier kein Richtig oder Falsch, sondern nur wunderbare neue gemeinsame Erfahrungen.

Machen Sie diese Form des Austausches zu einem Bestandteil Ihrer Partnerschaft. Es lohnt sich!

Bitte beachten Sie, dass andere Menschen oder Situationen uns keine Gefühle „machen“ können. Gefühle sind eine eigenständige Instanz in jedem von uns. Deshalb ist auch die Art der Kommunikation mit Ihrer inneren Stimme so individuell.

GELÖSTE KONFLIKTE

An dieser Stelle sei an die in Kapitel 3.3 beschriebenen Formen von Achtsamkeit erinnert. Nehmen Sie sich die Zeit und kommen Sie mit allen Gefühlen in eine gute Verbindung. Spüren Sie diese einfach nur! Wenn Sie mit Ihrer inneren Stimme kommunizieren, äußert sich ein erfüllter Zustand zum Beispiel folgendermaßen:

„Die Beziehung zu meinem Mann ist sehr liebevoll, denn jeder hat seinen Raum für sich. Er geht mit den Männern auf die Jagd, und ich widme mich mehr dem Innenbereich. Dort habe ich den Freiraum, auch einmal in der Küche zu stehen, wenn ich etwas kochen will. Oder ich kann ausreiten, wenn mir danach ist. Die Vielfalt der Möglichkeiten macht mich sehr zufrieden. Dadurch, dass wir uns gegenseitig Freiraum gewähren, engen wir uns in keiner Weise ein."

So klingt es, wenn die inneren Anteile harmonisch und gleichberechtigt zueinander stehen. Das lässt sich dann natürlich in gleicher Weise im Leben auch anwenden. Wichtig ist, zuerst im Inneren für Ordnung zu sorgen, und dann erst im Äußeren. Sobald es im Inneren keinen Kampf und Krieg mehr gibt, gibt es auch im Äußeren keinen mehr. Meistens wollen wir den Konflikt jedoch in der Außenwelt lösen. Dies funktioniert aber nicht, wie uns die Kriege seit Beginn der Menschheit zeigen.

Im Kontakt mit der inneren Stimme lässt sich üben, mit alltäglichen Konflikten umzugehen. Dazu fordere ich den Klienten dann auf, in sich hineinzuhören, was wohl passiert, wenn es hart auf hart kommt. Die innere Stimme einer Klientin drückt dies bei einer bevorstehenden Herausforderung im Inneren so aus:

„Hier liegt jetzt also gleich meine Herausforderung, und schon kommt es zu einem Krieg um unser Königreich. Mein Mann zieht mit unseren Truppen los, und ich habe dadurch automatisch das gesamte Königreich zu organisieren. Da fühle ich schon Spannungen in mir, als er zurückkommt. In dem Moment fällt es mir schwerer, den Platz meinem Mann einfach wieder abzutreten. Habe ich mich doch daran gewöhnt, alles zu übernehmen. Zum einen ist es etwas Neues für mich und gleichzeitig spüre ich meine Kraft, den Männern zur Audienz ebenfalls alle Hinweise geben zu können. Ich bin nicht nur die Frau mit ihrer weiblichen Seite. Mein Mann ist damit überhaupt nicht einverstanden. Ein Teil in mir will schon, dass er König ist, doch für mich ist es auch schön, beides zu sein. Er versucht, mich wieder rüberzudrücken, um seinen Platz einzunehmen. Das passt mir gar nicht, und so fange ich an, unzufrieden zu werden. Natürlich macht mir meine Aufgabe Spaß, im Schloss alles zu organisieren und zu managen. Doch dies mache ich mit links, das ist doch keine Herausforderung. Es ist mir zu wenig, da ich mehr kann. Ich möchte eine anspruchsvollere Aufgabe, so wie mein Mann, der König, eine hat. Bei dem Gedanken jedoch, dann auch in den Krieg ziehen zu müssen, spüre ich eine Überforderung in mir. Und so entscheide ich mich, meinem Mann seinen Platz in Frieden und ohne Kampf zwischen uns wieder einnehmen zu lassen."

So einfach! Die innere Stimme plädiert hier dafür, sich mit allen Gefühlen beziehungsweise inneren Anteilen auseinanderzusetzen.

Werden Anteile nicht ausreichend berücksichtigt, so sorgt das unweigerlich für einen Konflikt. Bleibt dieser ungelöst in uns selbst, geraten wir auch im Leben häufig in Konflikte. So haben wir dann mit dem Partner ständig Streit und wissen oft schon gar nicht mehr, um was es dabei inhaltlich eigentlich geht – vielleicht um die offene Zahnpastatube oder die Jacke über dem Stuhl. Irgendwann wird jede Kleinigkeit ein Streitauslöser. Daher ist auch hier das Mittel der Wahl die Kommunikation – und zwar mit der eigenen inneren Stimme. Nur in Ihrem Inneren kann sich die Situation in der Tiefe entspannen. Anschließend setzen Sie die Lösung auch in der Außenwelt um.

Wie gehen Sie mit Konflikten im Leben um? Diese Frage ist besonders von Bedeutung, wenn Ihr Harmoniebedürfnis sehr stark ausgeprägt ist.

Notizen:

....

....

....

....

....

....

....

....

In unserem Fallbeispiel lag die Unzufriedenheit der Klientin in ihr selbst, und so war es an der Zeit, dies zu erkennen und auch die entsprechenden Schritte zu gehen. Hier kam ein starker Wunsch nach beruflicher Veränderung zum Vorschein.

Eine klare Kommunikation in Bezug auf dieses Thema fand erst in ihrem Inneren und danach mit dem Partner im realen Leben statt:

„Ich sage ihm, dass ich in letzter Zeit mitbekommen habe, dass ich viel mehr kann: ‚Ich könnte das ganze Königreich regieren, wenn du nicht da bist. Es macht mich unzufrieden, immer nur für die Kinder da zu sein, das Organisatorische zu übernehmen, was mir ohnehin leichtfällt.' Er konfrontiert mich damit, froh sein zu können, diesen Bereich zu haben. Draußen in der Welt ist ein einziger Krieg, und ich solle froh sein, dass ich dort nicht raus muss. Hier hat er ja auch Recht, denn jede Aufgabe hat immer zwei Seiten. Das gibt mir schon zu denken. Ich frage ihn, ob er eine Lösung hat. Wir einigen uns. Das Einzige, was möglich ist: Wenn er da ist, übernehmen wir das gemeinsam, ich meine Rolle und er seine Rolle. Geht er in den Krieg, so übernehme ich. Er ist mir ja auch dankbar, dass ich das Königreich so gut weiterführe und mich nicht überrollen lasse, sondern Mann und Frau zugleich stehe. Tief in mir weiß ich, das ist der einzige Weg."

Da jede Menge an Power und Potential in ihr vorhanden war, setzte die Klientin diese

Erkenntnis danach um. Unter Berücksichtigung aller inneren Anteile, die gleichfalls eine starke Unabhängigkeit zum Ausdruck bringen (in der Form, das Königreich auch allein führen zu können), führt sie heute ihr eigenes „kleines“ Unternehmen. Damit bleibt ihr noch genügend Raum, um den anderen mütterlichen und versorgenden Anteil in sich zu nähren. Außerdem wurde der Klientin hierbei klar, wie viel sie auch der Familie gibt, wie wichtig ihre Rolle als Mutter und Hausfrau (das Regieren des gesamten Königreichs) ist. Ihre innere Unzufriedenheit projiziert sie jetzt nicht mehr auf den Partner.

Die ursprüngliche innere Unzufriedenheit der Klientin löste sich auf, und so konnte sie ihrem Mann seinen Platz wieder einräumen. Ihr wurde damit bewusst, dass Sie den Anteil der Geschäftsfrau in sich vernachlässigt hatte.

Jetzt empfand sie sogar Freude darin, wenn ihr Mann hin und wieder dienstlich unterwegs war. Zuvor war sie ständig verärgert, wenn er abends erst spät nach Hause kam und sie sich allein um die Kinder kümmern musste. In diesem Moment identifizierte sie sich nur mit dem Bindungsanteil, dabei spiegelte ihr Mann in der Außenwelt ihren gleich starken Freiheitsanteil in Form einer Selbstständigkeit.

Im Folgenden ein Kommentar der inneren Stimme in Bezug auf das Beziehungsmodell, welches hier verankert ist:

„Inzwischen sind wir älter, und so ist auch unsere Sexualität ruhiger geworden. Durch die vielen Aufgaben im Äußeren sucht mein Mann hin und wieder gern auch nur meine Schulter zum Anlehnen und Krafttanken. Grundsätzlich sind unsere Sexualität und unsere Liebe noch da. Die Komplimente von anderen Männern nehme ich so hin, doch es gibt keine Versuchung in mir, mit einem anderen Mann zu schlafen. Das ist es mir nicht wert, alles aufzugeben. Ich bin glücklich so."

Hier liegt der Wunsch schon recht deutlich in einer klassischen Beziehung. Wobei sich dieser nur zeigte, da die Klientin durch die geschäftlichen Aktivitäten ihres Mannes auch immer wieder Freiraum bekam. Doch es kann je nach innerem Erfahrungswunsch eines Menschen auch ganz anders sein.

Wenn die Klienten an diesem Punkt durch die inneren Bilder erfahren, dass sie durchaus sie selbst sein dürfen und auch so leben können, wie sie es möchten, sind sie sichtlich erleichtert. Dann bespreche ich mit ihnen verschiedenste individuelle Beziehungsmodelle, und wir loten gemeinsam Mittel und Wege zu deren Umsetzung aus. Aber wie ist damit umzugehen, wenn der Wunsch der inneren Stimme des Partners davon abweicht?

Es braucht nicht auf eine Trennung hinauszulaufen, doch wie gesagt, manchmal ist auch das eine Möglichkeit und ein wichtiger Schritt. Im Grunde benötigen wir heute viel mehr Beziehungsfähigkeit als früher, um eine bestehende Beziehung aufrechterhalten zu können, vor allem wenn die Erfahrungswünsche unterschiedlich sind.

LIEBE

Für die Tragfähigkeit einer Beziehung ist der entscheidende Punkt:

Niemand gehört uns.

Wir sind freie und eigenständige Wesen. Und so empfehle ich, dies auch in der Beziehung grundsätzlich zu berücksichtigen. Das hat nichts mit einem Freifahrtschein für das Fremdgehen zu tun. Vielmehr geht es um den Kern der Liebe. Jemanden zu lieben heißt nicht, ihn zu besitzen. Ganz im Gegenteil! Die Frage dabei ist eher, wie liebesfähig sind wir überhaupt? Einer der ersten Schritte, um andere wirklich lieben zu können, ist, zu lernen, sich selbst zu lieben. Dies hat nichts mit Egoismus zu tun – weit gefehlt! –, denn durch die wachsende Liebe zu uns selbst fangen wir erst an, bislang ungeliebte Anteile von uns wieder in unser Leben einzubeziehen.

Wie sieht es in Ihrem Leben mit dem Thema „Selbstliebe" aus?

Notizen:

....

....

....

....

....

....

....

....

....

Zum Thema Liebe stehen die verschiedensten Vorstellungen und Wertungen im Raum:

Was es ist

Es ist Unsinn
sagt die Vernunft
Es ist was es ist
sagt die Liebe

Es ist Unglück
sagt die Berechnung
Es ist nichts als Schmerz
sagt die Angst
Es ist aussichtslos
sagt die Einsicht
Es ist was es ist
sagt die Liebe

Es ist lächerlich
sagt der Stolz
Es ist leichtsinnig
sagt die Vorsicht
Es ist unmöglich
sagt die Erfahrung
Es ist was es ist
sagt die Liebe

Erich Fried[9]

Besser als Erich Fried mit seinem Gedicht „Was es ist“ hätte man dies nicht beschreiben können. Von den meisten wird Liebe als ein starkes Gefühl von inniger und tiefer Verbundenheit verstanden. Dabei spielt es keine Rolle, ob diese Verbundenheit zu einer Person, einer Personengruppe oder beispielsweise der Natur empfunden wird. Der Unterschied liegt eher in der individuellen Ausdrucksform, welche wir der Liebe geben. Da Liebe letztendlich ein Gefühl ist, kann sie nur in jedem selbst entstehen und auch als solche wahrgenommen werden. Eines der bekanntesten Symbole für Liebe ist das Bild eines Herzes. Und so kann ich nur an die Worte von Antoine de Saint-Exupéry erinnern:

„Man sieht nur mit dem Herzen gut, das Wesentliche ist für die Augen unsichtbar.“

Nur wenn wir unser Herz öffnen, können wir wahrhaft sehen.

INNERE ANTEILE VERBINDEN

Damit die verdrängten inneren Anteile, welche inzwischen wieder im Bewusstsein sind, integriert werden können, müssen wir aber auch die Bereitschaft dafür zeigen. Dies bedeutet, alle angeeigneten Wertungen, Ängste und Vorstellungen loszulassen und sich der Heilung und damit der Liebe zu öffnen. Es geht dabei um Ihr eigenes inneres Leben, welches sich Ihre innere Stimme wünscht. Denn das sind letztendlich Sie. Innerhalb der Partnerschaft führt diese Integration durchaus zu Veränderungen. Dazu ein kurzes Fallbeispiel:

Ein verheiratetes Paar hatte zwei kleine Kinder. Beide Partner hatten sich in Ihren Vorstellungen ziemlich festgefahren, da sie das gegebene Eheversprechen sehr Ernst nahmen, aber beide eher freiheitsliebend veranlagt waren. Sie trennten sich offiziell. Dabei kam es zu einem kurzen und intensiven Knall (was besonders der Frau im Inneren sehr entsprach). Das Ergebnis: Heute leben sie glücklich zusammen. Durch den Wechsel des Blickwinkels und die erlangte Verbindung zur eigenen inneren Stimme gaben sie sich selbst jeweils den Freiraum, den sie benötigten, und ließen die Wertungen, die sie sich bis dahin angeeignet hatten, los.

In der Verbindung mit der inneren Stimme zu sein, heißt auch, sich selbst zu lieben. Je klarer Sie Ihre innere Stimme hören können, desto klarer wissen Sie auch, wie Sie Ihre Beziehungen gestalten wollen. Dies bewahrt Sie vor Modetrends, die nicht mit Ihrem inneren Kern übereinstimmen.

Manche Menschen weisen jedoch noch ein ganz anderes merkwürdiges „Symptom“ auf: Sie lassen sich grundsätzlich nicht auf eine Beziehung ein, da sie Angst haben, davon völlig vereinnahmt zu werden. Ein Teil wünscht es sich und ein Teil nicht. Im Inneren ist dann etwa Folgendes abgespeichert:

„Was für eine Angst habe ich überhaupt, wenn sich ein Mann in mich verliebt? Ich habe Angst, dass er sofort versucht, mich an sich zu binden. Ich würde meine Freiheit verlieren. Der Gedanke, dass so etwas passiert, wäre eine Katastrophe. Das möchte ich nicht. Es geht mir gut, so wie es jetzt ist."

So drückt sich ein freiheitsliebender Anteil aus, doch es gibt hier noch einen starken Bindungsanteil, der im Laufe der Zeit damit nicht einverstanden ist. Ein Konflikt zwischen diesen beiden inneren Anteilen besteht auch im folgenden Fall:

„Inzwischen sind meine Kinder raus aus dem Haus. Das Alleinsein kostet mich ein Stück Kraft. Als ob sich ein inneres Drama in mir manifestiert. Theoretisch wäre ich jetzt wieder frei für einen Mann, aber ich fühle mich nicht stark."

Offensichtlich hatte sich die Klientin sehr auf die Kinder ausgerichtet und vergessen, dass es noch mehr innere Anteile gibt, die beachtet werden wollen. Dies korrespondiert mit dem Gedanken, sich für einen Mann stark fühlen zu müssen. An solchen Stellen harkte ich nach mit der Frage: „Müssen Sie sich denn stark fühlen für einen Mann?" Die Antwort:

„Ja, um meine Freiheit zu behalten, schon. Ich habe Angst vor einer kompletten Vereinnahmung, wenn ich mich mit meinen Schwächen zeige. An

sich passiert es nicht, wenn ich mir meiner Stärke bewusst bin. Doch im Moment funktioniert es nicht, als ob ich keinen Zugriff darauf habe. Ich komme mir vor, wie eine alte Jungfer, auf der schon Spinnweben sind. Ich traue mich gar nicht mehr, und jünger geworden bin ich ja auch nicht. Also fange ich an, an mir zu zweifeln, stelle alles in Frage."

Hier zeigt sich im Inneren ein Konflikt zwischen schwach sein und stark sein. Wir kennen solche Sätze wie: „Ein Indianer kennt keinen Schmerz" oder „Sei kein Weichei". Dabei gehört zur Ganzheit nun einmal beides. Sowohl Schwäche als auch Stärke sind Anteile in jedem von uns. Durch die Kommunikation mit Ihrer inneren Stimme können Sie auf der Bildebene ausprobieren, wie es sich anfühlt, mehrere Anteile miteinander zu verbinden. So lösen sich Ursprungskonflikte auf, egal aus welchem Bereich:

„Ich gehe träumend und gedankenverloren ziehend am Wasser entlang. Mir kommt ein Mann entgegen, er hat einen kleinen Hund an der Leine. Der Hund fängt an, in meine Richtung zu ziehen, als ob er mich kennen würde. Dadurch komme ich mit dem Mann ins Gespräch. Er wirkt ziemlich gesetzt, wie in sich ruhend, und lädt mich zu einem Kaffee ein. Ich spüre, wie mich der Kontakt innerlich unwahrscheinlich aufbaut. Im Gespräch erfahre ich, dass seine Frau vor ein paar Jahren gestorben ist. Ich kann mich einfühlen, erzähle ihm

von meiner Arbeit und spüre, wie eine Verbindung zu ihm entsteht. Diese ist auf der geistigen Ebene da, seelisch nur wenig und auf der körperlichen Ebene habe ich Schwierigkeiten. Ich habe Angst, mit ihm zu schlafen, dass es von meiner Seite her gar nicht mehr geht und ich es verlernt habe. Mit ihm darüber zu reden, habe ich im Moment noch mehr Angst. Wir nähern uns langsam an, es ist nicht so wie früher, wo es gleich heißblütig herging. Für mich ist das eine ganz neue Erfahrung. Die Romantik des Küssens und Streichelns ist schon da, doch wie früher, so frei und los geht es, ist es nicht. Es hat eine völlig andere Qualität. Über die Zeit kommt es dann schon zu mehr. Es ist nicht der feurig heiße Sex, sondern sanfter und weicher.

Einen Orgasmus spüre ich nicht, dafür ist es zu harmonisch, zu seicht. Es ist zwar sehr erotisch, sehr gefühlvoll, aber es sind nicht die Kicks von früher."

Das ist ein Versuch, sich überhaupt einmal wieder für eine Beziehung zu öffnen, und sofort meldet sich ein wohl noch ganz anderer vernachlässigter Anteil, die Sexualität. Bitte erinnern Sie sich daran, dass diese einen Urinstinkt darstellt. Der Klientin war das bewusst, und so zeigte ihre innere Stimme bereits erste Lösungsvorschläge:

„Ich spüre schon wieder, wie ich Mauern aufbaue. Als wäre mein flippiger Anteil auf einmal weg im Alter. Na ja, ich könnte ja einmal mit ihm reden. Vielleicht ist es genau das, was er auch sucht.

Doch gerade das Reden scheint das Problem, obwohl mich nichts daran hindert, es anzusprechen. Auch der Sex immer nur zu Hause ist mir zu langweilig."

Es ist immer wieder faszinierend, dass uns das Reden oft Probleme bereitet. Also reden Sie bitte „entspannt" miteinander – zum einen mit Ihren inneren Anteilen und zum anderen mit Ihrem Partner:

„Also fasse ich den Mut und bitte ihn einfach mal, mit mir wegzufahren, es einmal auf eine andere Ebene zu bringen. Ich kann das zu Hause nicht umsetzen. Also fahren wir in den Urlaub in ein schönes Hotel. Er lässt sich sofort darauf ein und freut sich, dass ich es anspreche.

Sofort ist es ganz anders, ich kleide mich auch anders und im Bett kommt wieder Feuer rein. Es ist überhaupt nicht schwer und war also wieder nur eine meiner eigenen ‚Höllenvorstellungen', von welchen ich mich somit verabschieden darf."

Die Erkenntnis, dass es sich eben nur um die eigenen „Höllenvorstellungen" handelt, ist sehr heilsam. Damit werden die Projektionen auf den Partner sofort zurückgenommen.

Die einzige Frage, die nun noch offen ist, lautet: Welches Beziehungsmodell könnte denn nun gelebt werden, so dass auch für alle inneren Anteile gesorgt wird?

„Wir ziehen nicht zusammen, obwohl er sehr oft bei mir ist. Das ist mir auch lieber, denn es ist mein Haus und hier ist meine Energie. Manchmal bleibt er auch eine längere Zeit, bevor er dann wieder geht. Dafür habe ich mein Leben gelebt, auch wenn es nicht immer einfach war. Aber ich war frei. Anfangs fällt es mir schwer, diese Harmonie anzunehmen, und ich genieße immer mehr meinen Lebensabend mit ihm."

Nicht immer sind Freiheitsanteil und Bindungsanteil gleichzeitig so stark ausgeprägt. Die Klientin findet mithilfe ihrer inneren Stimme hier einen guten Kompromiss, wie alle inneren Anteile miteinander verbunden werden können. Um entspannt und in Ruhe leben zu können, lassen sie sich im bilokalen Beziehungsmodell sehr gut vereinen. Der Versuch, hier nach einem klassischen Beziehungsmodell zu leben, würde früher oder später am starken Freiheitsdrang scheitern. Findet sich der starke Freiheitsanteil bei beiden Partnern, wie im vorherigen Fall des verheirateten Paares kurz geschildert, dann reicht bereits die Änderung des Blickwinkels und ein sich gegenseitiges Freigeben. Ansonsten löst sich die Situation nur durch eine offene und klare Kommunikation.

Beziehungen zu anderen Menschen sind letztendlich die Grundbausteine unseres Lebens. Ohne Beziehung würden wir aussterben, denn es gäbe keine Fortpflanzung. Also lassen Sie sich auf die Erfahrungswünsche Ihrer inneren Stimme ein. Veränderungen im Leben erscheinen uns zu Beginn nicht immer leicht und sie brauchen Zeit, doch die zu erntenden Früchte werden Sie belohnen!

Bleiben Sie bei dem Grundgedanken, dass niemand uns gehört, sondern alles Liebe ist, was ist.

4.3

Lebensbereich: Ernährung

Nachdem wir in Kapitel 4.1 bereits den Bereich der Sexualität betrachtet haben, wenden wir uns jetzt einem anderen Grundbedürfnis des Menschen zu, der Ernährung.

UNSER KÖRPER UND SEINE ERNÄHRUNG

Neben unserer inneren Stimme ist unser Körper unser engster Freund, denn ohne ihn können wir letztendlich in unserer polaren Welt keine Erfahrungen machen. Doch wie gehen wir mit ihm oft um?

Vergleichen wir unseren Körper zunächst einmal mit dem Transportmittel Auto. Sind Sie schon jemals auf die Idee gekommen, mit Ihrem Benziner Diesel zu tanken oder mit Ihrem Diesel Benzin? Vermutlich nicht, aber wenn Ihnen dies bereits einmal versehentlich passiert ist, dann hatten Sie sicherlich einen teuren Motorschaden. In aller Regel gehen wir also achtsam mit unserem Auto um. Aber wie sieht es da im Vergleich mit unserem Körper aus?

Er darf sich mit ganz erstaunlichen Substanzen, die er Tag für Tag verabreicht bekommt, auseinandersetzen. Und wie beim Auto findet auch hier natürlich eine Reaktion statt. Diese führt zu einer Kommunikation zwischen Ihrem Körper und Ihrer inneren Stimme, die Sie sich ungefähr so vorstellen können: Die innere Stimme zum Körper: „Geh du vor, auf mich hört er nicht, vielleicht hört er auf dich." Und der Körper daraufhin: „Ja, ich werde krank werden, dann wird er sicher Zeit für dich haben."[10]

Dabei ist zum Thema Ernährung wirklich schon viel geschrieben worden. Und so gibt es, abgesehen von Religion und Politik, kaum einen anderen Bereich, in dem so heftig über den richtigen Weg diskutiert und gestritten wird. Dabei sorgen die vielen verschiedenen Auffassungen mehr für Verwirrung als für Klarheit, was ich auch an den Reaktionen auf meine Vorträge an Schulen oder Kliniken beobachten kann. Da mir selbst nach meinem Abschluss in Ernährungsmedizin Eigenerfahrungen wichtiger waren als die graue Theorie, habe ich im Laufe meines Lebens einiges in Sachen Ernährung ausprobiert.

DIE DREI NAHRUNGSBEREICHE

Im Grunde lässt sich unsere Nahrung in drei Bereiche einteilen:

1. Nahrung für die Erhaltung unseres Körpers

Zu unseren Hauptnährstoffen zählen Kohlenhydrate, Fette und Eiweiß. Und da unser Körper wie ein kleines Kraftwerk funktioniert, lassen sich unsere Hauptnährstoffe noch nach ihren funktionellen Aspekten unterteilen. Dazu zählen die Baustoffe (Eiweiß, Mineralstoffe und Wasser), die Brennstoffe (Fette und Kohlenhydrate) sowie die Wirkstoffe (Vitamine, Mineralstoffe und Spurenelemente). Natürlich kommt es jetzt noch auf das richtige Verhältnis an. Dieses ist für jeden Menschen sehr individuell, je nach Typ und Alter. Das können Sie sich in etwa so vorstellen wie das passende Öl- und Kraftstoffgemisch für Ihr Auto, damit für eine lange Überlebensdauer gesorgt ist.

2. Nahrung für unser seelisches Gleichgewicht

So wird das Essen oft zum Kompensationsmittel, obwohl es nicht zur Erhaltung unseres Körpers dient. Aber auch der Partner kann zum Kompensationsmittel werden. Mit Essen zu kompensieren ist, um beim Vergleich mit dem Auto zu bleiben, ungefähr so, als würden Sie noch einen zusätzlichen Duftstoff ins Öl oder in den Kraftstoff geben, den das Auto eigentlich gar nicht braucht und was beim Körper eher zu seiner späteren Verschlackung führt. Mit dem Partner zu kompensieren heißt: „Du bist dafür verantwortlich, dass mein leerer emotionaler Tank gefüllt wird."

3. Nahrung für unseren Geist

Hier stellt die Nahrungsquelle meist nicht das Essen dar, sondern das, mit dem Sie sich den ganzen Tag geistig beschäftigen. Diese Art der Nahrung ist nicht zu unterschätzen, denn sie sorgt unter anderem für unsere Vorstellungen. Und was Vorstellungen in unserem Leben so alles bewirken können, habe ich Ihnen bereits anhand der verschiedenen Bildsequenzen geschildert.

In allen drei Nahrungsbereichen gibt es unterschiedliche Bedürfnisse, und doch gehören sie gleichfalls zusammen, denn sie machen unser ganz individuelles System aus.

AUCH GEISTIGE NAHRUNG KANN KRANK MACHEN

Inzwischen stellen Begriffe wie Entgiftung, Entschlackung oder Heilfasten keine Fremdwörter mehr dar. Und so haben einige von uns diese Methoden sicherlich auch schon einmal ausprobiert. Doch in Bezug auf unsere geistige Nahrung sieht es anders aus. Da verhalten wir uns eher so, als würden wir ununterbrochen essen. Kennen Sie das, beim Essen einmal kurz die Nachrichten anzuschauen oder Ihre E-Mails durchzugehen?

Wie viel Fernsehen, Radio, Facebook oder Computerspiele nehmen Sie täglich zu sich?

Beobachten Sie sich einen Tag lang einmal ganz bewusst.

Notizen:

....

....

....

....

....

....

....

....

....

....

....

....

....

....

....

Auch die vielen Geräusche, Gerüche und Bilder nehmen wir den ganzen Tag auf. Und vieles bekommen wir gar nicht mehr mit, weil es so nebenbei läuft. Deshalb gibt es immer mehr Menschen, die auch von geistiger Nahrung ernsthaft krank werden. Bitte bedenken Sie:

Alles fließt durch unseren Organismus und kommt in unserem Nervensystem, dem Gehirn, das die Körperfunktionen letztendlich steuert, an.

DIE INNERE STIMME ALS ERNÄHRUNGSRATGEBER

Wie in der Achtsamkeitsübung „Riechen und Schmecken" in Kapitel 3.3 kurz angesprochen, fungiert unsere innere Stimme wie ein Ernährungsratgeber. Der Hauptpunkt dabei ist, den Körper zunächst von dem „falsch getankten Kraftstoffgemisch" zu befreien. Dies erfolgt auf ganz einfache Art, indem Sie nur noch auf natürliche Produkte zurückgreifen. Wenn Sie das nächste Mal im Supermarkt sind, dann legen Sie im ersten Schritt nur das in Ihren Korb, was ein reines und klares Produkt darstellt. Im zweiten Schritt achten Sie bitte auf die Herkunft des Produktes und im günstigsten Fall noch auf die Bioverfügbarkeit. Sie werden erstaunt sein! Damit befreien Sie Ihren Körper und Ihren Geist von allerlei chemischen Substanzen.

In erster Linie geht es also darum, die eigene Natürlichkeit, Klarheit und Ihre Sinne wieder zu entdecken. Durch die Vielzahl an chemischen Substanzen zum Haltbarmachen verarbeiteter und behandelter Nahrungsmittel haben Sie im Laufe der Zeit Ihren natürlichen Geschmackssinn verloren. Auch mir fielen früher die vielen chemischen Substanzen in meinem Essen nicht mehr auf, denn ich hatte mich an sie gewöhnt. Erst durch eine Umstellung meiner Ernährung kam mein natürlicher Geschmackssinn wieder zurück.

Seitdem zeigt mir meine innere Stimme beim Einkauf durch verschiedene Gefühlssignale, welche Nahrungsmittel mein Körper gerade benötigt. Das kann in Form eines kurzen Übelkeitsgefühls, eines abstoßenden Geruchs oder eben einer tiefen Ruhe, Wärme, Freude und eines angenehmen Geruchs sein. Hierbei geht es eben nicht darum, irgendeinem aktuellen Ernährungsmodetrend zu folgen, sondern Ihrem ganz eigenen inneren Ernährungsratgeber.

Beobachten Sie sich einmal ganz bewusst einen Tag lang: Wie ernähren Sie sich?

Notizen:

....

....

....

....

....

....

....

....

....

....

....

....

....

....

Dabei sollte Ihnen bewusst werden, dass Ihr Körper letztendlich nur die unter Punkt 1 genannten Hauptnährstoffe für seine Funktion braucht. Alles andere belastet und vernebelt ihn eher.

Selbst Zucker in dem Maß, wie er heute in fast jedem verarbeiteten Produkt zu finden ist, hat die Wirkung einer berauschenden Droge und macht schnell süchtig. In meiner Ausbildung zur Präventionsmanagerin für Diabetes ließ ich Zucker (gemeint sind weißer Zucker und Vollrohrzucker) bei meiner Ernährung für einen längeren Zeitraum komplett weg. Es war erstaunlich, denn zu Beginn hatte ich richtige Entzugserscheinungen, die im Laufe der Zeit aber verschwanden. Somit stimmt es nachdenklich, dass laut Statista in Deutschland der Verbrauch an Zucker in den Jahren 2016/2017 pro Person bereits bei rund 33,8 Kilogramm im Jahr lag, was einer täglichen Menge von 93 Gramm entspricht.[11]

HINTER JEDER SUCHT VERBIRGT SICH EINE SUCHE

Sucht kann sich in allen drei Nahrungsbereichen zeigen. Dabei spielt es weniger eine Rolle, ob es sich um eine Arbeitssucht, Spielsucht, Esssucht oder Zigarettensucht handelt. Doch was verbirgt sich dahinter?

Der Süchtige ist auf der Suche nach einem Idealzustand, doch er sucht in der Außenwelt. Er hat eine Gier nach Leben und Liebe, was dem Einheitswunsch im Menschen entspricht, aber gleichzeitig hat er Angst davor. Und so schafft er sich eine Art Ersatz, der häufig im Praktizieren von Ritualen besteht, wie den Genuss von Ersatzstoffen. Diese versetzen ihn zeitweilig in einen Rausch, in die Illusion eines Einheitszustandes. Kinder, die von ihren Eltern mit Konsumgütern zufriedengestellt werden, anstatt persönliche Aufmerksamkeit und Liebe zu erhalten, kennen dieses Gefühl des Unbefriedigtseins auch.

Unsere Gesellschaft bietet oft Äußerlichkeiten, also Ablenkung, statt Liebe. Süchtige fühlen sich häufig schwach, hilflos und unzulänglich, und in ausgeprägten Fällen ist – mehr oder weniger unbewusst – eine tiefe Depression und teilweise eine Sehnsucht nach dem Tod vorhanden; nach dem Tod als vermeintliche Rettung vor einer unbequemen, bösen und feindlichen Welt, als Flucht vor den Schwierigkeiten des Lebens. Sie suchen und weichen zugleich dem Finden aus und verlagern so die „Suche" mithilfe von Suchtmitteln von der geistigen auf die körperliche Ebene – oder auch umgekehrt: von der körperlichen auf die geistige Ebene, indem sie, bedingt durch die Suchtmittel, durch körperlich-geistigen Verfall hilfsbedürftig werden.

Im folgenden Fallbeispiel hatte sich die Klientin im Laufe ihres Lebens immer mehr von einer natürlichen Ernährung distanziert, so dass sie inzwischen täglich fast nur noch einen Liter Eis aß – einerseits, um sich damit zu belohnen, und andererseits, um aus dem Leben zu flüchten. Sie war bereits in eine beginnende Magersucht gerutscht.

Hinter der Ess- und der Magersucht steht immer der „Hunger nach Leben" und gleichzeitig aber auch die „Angst vor dem Leben". Bitte bedenken Sie, dies gilt – nicht ganz so offensichtlich – auch für jede andere Sucht.

Im Dialog mit der inneren Stimme drückte sich dies dann folgendermaßen aus:

„Ich spüre mich mal wieder nicht und versuche, mich zu finden. Als Junge in einem Kannibalenstamm lebend, schaue ich mir von weitem an, wie sie jemanden am Grillspieß übers Feuer gebunden haben und begierig darauf warten, bis sie ihn essen können. Ich finde es abartig und kann es nicht einordnen. In mir ist ein Gefühl, die Welt nicht zu verstehen, überhaupt nicht zu wissen, was da vor sich geht."

Die Klientin spürt zu Beginn ihren eigenen Körper nicht und versteht die Welt nicht. Sie lehnt damit das Leben in der Polarität ab, denn es bereitet ihr offensichtlich Schwierigkeiten. Dies hat zur Folge, dass Genuss für sie nicht möglich ist. Diesen versucht die Klientin zwar durch den Konsum von einem Liter Eis am Tag zu erlangen, doch das ist nur ein kurzweiliger Ersatz.

In der Arbeit mit den inneren Stimmen entdeckte ich im Laufe der Zeit, dass die Themen Essen und Sexualität, und hinzukommend Ekel und Lust, eine Analogie aufweisen: Sie haben einen Bezug zur Lebenslust. Im Fall dieser Klientin steht der Kannibalenstamm symbolisch für die Ablehnung der Fleischeslust, also der eigenen niederen Triebe. Das drastische Bild lässt auf eine besonders ausgeprägte unterdrückte Triebhaftigkeit schließen:

„Meine Neugierde aber treibt mich zu ihnen rüber, und obwohl ich Hunger habe, esse ich nichts mit.

Erst jetzt wird mir klar, dass dies mein Vater ist, der dort sitzt und genüsslich ein Stück Fleisch isst. Den Ekel von vorhin scheinbar völlig ausgeschaltet, bitte ich ihn, mich kosten zu lassen. Das Fleisch ist hart und schmeckt ein wenig bitter. Man kann es essen, doch es ist nicht, als ob ich es unbedingt haben muss. Meine Neugierde ist befriedigt, und so gehe ich zum Zelt zurück. Hier ist meine Mutter. Sie hat Früchte, und ich entscheide mich lieber dafür."

Ein innerer Anteil der Klientin, die Neugier, treibt sie dann doch zum Fleisch hin. Aber nur gemeinsam mit einer vertrauten Person, ihrem Vater, kann sie das Fleisch, das Leben da draußen, probieren, lehnt es dann aber sofort wieder ab. Die niedere Triebhaftigkeit ist in ihr so stark, dass sie sich lieber für die Früchte entscheidet.

Dann meldet sich die innere Stimme in einer erwachsenen männlichen Ausdrucksform. Inzwischen sollen Jahre vergangen sein:

„Inzwischen bin ich erwachsen, doch ich kann das Gefühl nicht in mir hochkommen lassen, was die anderen Männer ausstrahlen, wenn sie jemanden grillen, und dann mit Freude verspeisen. Im Stamm gehört das bei Männern dazu, und so fühle ich mich nicht dazugehörig. Für die anderen ist es ein normaler Entwicklungsweg, sich um das Fleisch zu kümmern, um die feste Nahrung.

Die Frauen kümmern sich eher um die Geborgenheit. Wie soll ich bloß Freude dabei empfinden, wenn man jemanden grillt? Ich bin ein totaler Außenseiter. Mein Vater ist auch noch der Anführer und will natürlich, dass ich mitmache. Wir diskutieren darüber, und ich sage meinem Vater, dass ich mich nicht unterordnen werde. Allerdings frage ich ihn, ob ich weiter im Stamm leben kann."

Weiter im Stamm leben zu wollen, ist wie der Versuch, ein bisschen am Leben teilzunehmen – analog dem täglichen Liter Eis als einziges Nahrungsmittel.

Hier liegt eine innere Diskrepanz zwischen mehreren Anteilen vor: zwischen dem Rebellen, der sich nicht unterordnen will, dem Wunsch, Anführer zu sein, und letztendlich der Ablehnung der eigenen männlichen Kraft, in seiner animalischen Form. Der weibliche

Anteil dagegen wird mehr angenommen, was den Wunsch nach Einheit und Geborgenheit ausdrückt. Somit liegt eine Trennung vor, und dabei zeigt sich, was es heißt, wenn innere Anteile zu stark gegeneinander aufgestellt sind und einige dazu noch abgelehnt werden:

„Mittlerweile habe ich auch Frau und Kind. Mein Vater liebt mich, doch er lebt sein Leben voll und ganz für den Stamm. Für mich heißt dies, meine Frau und mein Kind zu nehmen und wegzugehen. Mich von meinem Vater zu verabschieden, fällt mir nicht sehr schwer, denn in dieses männliche Leben habe ich mich nie reingelebt. Wir gehen fort. Überleben können wir schon, habe ich mich doch die ganze Zeit von Früchten und allem ernährt, was es im Wald gibt, und mich auch daran gewöhnt."

In dieser Flucht zeigt sich der Versuch, nur eine Seite von sich annehmen zu wollen. Doch dass dies eine Illusion ist, wird im Anschluss auch gleich deutlich. Denn zum Auflösen der Polarität gehören immer beide Seiten:

„Meine Frau und ich haben Holzstämme für ein Floß zusammengebunden. Sie hat unser Baby im Arm und steigt bereits drauf. Doch als ich noch etwas holen will, da zerrt sich das Floß plötzlich in eine reißende Strömung hinein, und ich stehe wie gelähmt am Uferrand. Ich kann nichts machen. Ich verliere meine Frau und mein Kind komplett

aus den Augen, bin völlig hilflos und stehe fast ohnmächtig neben mir."

Da die Klientin sich zu wenig mit dem männlichen Anteil identifizierte, musste dies irgendwann in das Gegenteil kippen, hier symbolisiert durch ein Floß, das mit dem angenommenen, weiblichen Anteil weggespült wird. Dabei fällt der rebellische Anteil sofort in Ohnmacht. Der Ausdruck der inneren Stimme ist unerwartet und reißend. Dies entspricht der aktuellen Situation der Klientin:

„In mir kommen Zweifel auf, ob ich nicht besser im Stamm geblieben wäre. Dann wäre das nicht passiert."

Hier kommt erstmalig der Gedanke auf, ob es nicht doch besser gewesen wäre, sich zu verbinden, als sich zu trennen. Dies bedeutet: sich auf ein Leben in der Polarität einzulassen, und nicht davor wegzulaufen. Dies heißt für die Klientin, im ersten Schritt auf ihren Körper zu achten, denn wir haben nur diesen einen. Er lässt sich bei Verschleiß nicht austauschen wie ein Auto. Das allein würde jedoch nichts nützen! Im zweiten Schritt muss die Klientin ihre eigene Triebhaftigkeit annehmen. Doch genau darin liegt ihre größte Angst, die sich schließlich in Gestalt eines Bären zeigt. Dieser verspricht den Tod als schnellsten Ausweg:

„Ich setze mich nur an das Ufer und bleibe mal wieder da sitzen, bis ein Geräusch von hinten aus dem Wald kommt: ein riesiger Braunbär. Er bringt mich um, was mir ganz recht ist, denn allein spüre ich längst keine Lebenslust mehr."

Diese Bildsequenz ist ein starker Ausdruck der inneren Stimme für eine Sucht, hier speziell für die Magersucht, hinter der die Angst vor dem Leben steht. Die Klientin wollte sich durch ihr Essverhalten am liebsten „verdünnisieren".

Sie hatte auch Angst, von der Gesellschaft wegen ihrer stark ausgeprägten Triebhaftigkeit nicht angenommen zu werden. Dies verdichtete sich im Verlauf weiterer, hier nicht dargestellter Bildsequenzen und konnte gleichzeitig aufgelöst werden. Der entscheidende Schritt bestand darin, dass die Klientin sich selbst so akzeptierte, wie sie ist. Dabei ging es vor allem darum, zur eigenen Sexualität zu stehen und den Mut zu haben, diese auch zu leben. Inzwischen erfreut sich die Klientin an einer gesunden und vollwertigen Ernährung und lebt ihre Sexualität.

Lassen wir noch einmal ihre innere Stimme zu Wort kommen:

„Innerlich fühle ich mich wohl und bin mit mir im Reinen. Was mir am meisten guttut ist, dass ich angenommen werde, so wie ich bin. Ich muss nicht mehr auf dem Tisch tanzen, um bewundert zu wer-

den, sondern ich kann einfach so sein. Wenn ich eine Haxe essen will, dann esse ich sie jetzt.

Das ist einfach schön, sein zu können, wie ich bin."

So kann ich Sie auch in Bezug auf Ihre Ernährung nur ermutigen, auf Ihre innere Stimme zu hören – und dies gilt für alle drei Nahrungsbereiche, ob körperlich, seelisch oder geistig.

4.4

Lebensbereich: Berufung

Wenden wir uns im Weiteren unserer Berufung zu, die nicht nur mit unserem Beruf, sondern auch mit dem Sinn unseres Lebens verknüpft ist.

WAS BEDEUTET BERUFUNG?

Heute ist das Wort „Berufung“ sehr verbreitet, und es beinhaltet mehrere Aspekte. Aus beruflicher Sicht kann es sich um eine Stelle im wissenschaftlichen, künstlerischen oder politischen Bereich handeln, zu der man berufen wird. Ein anderer Aspekt ist die Berufung durch die innere Stimme zu einer bestimmten Aufgabe, die dem Leben einen tieferen Sinn gibt. Diese Aufgabe kann von kürzerer Dauer sein oder auch vom Zeitpunkt des Impulses das gesamte weitere Leben währen. Sie kann einen Beruf darstellen, dies muss aber nicht der Fall sein.

Dennoch fällt mir immer wieder auf, dass die Berufung häufig mit dem Beruf gleichgesetzt wird. Daher möchte ich zuerst etwas zum Beruf sagen.

BERUFSWAHL UND BERUFSERFAHRUNGEN

Da wir innerhalb unserer Gesellschaft im beruflichen Kontext wie Zahnräder, die ineinandergreifen, funktionieren, gibt es auch die verschiedensten Berufsrichtungen. Dabei handelt es sich um ein System, das sich seit Jahrhunderten entwickelt hat und das die Gesellschaft am Leben hält.

Die Frage, die Sie sich dabei stellen können:

Wie bin ich überhaupt zu meinem Beruf gekommen?

Wurde er mir von jemandem empfohlen oder war er schon immer mein Kindheitswunsch?

Diese Frage sollte nicht unterschätzt werden. Denken Sie doch einmal darüber nach und machen Sie sich ein paar Notizen.

Notizen:

....

....

....

....

....

....

....

....

....

Als ich vor 35 Jahren einen Beruf wählte, machte ich mir nicht allzu viel Gedanken. Als Kind wollte ich immer Deutsch- und Musiklehrerin werden. Doch in der Pubertät entwickelt man durch Einschießen der Hormone manchmal ganz eigenartige Ideen. Und so entschied ich mich völlig konträr für den Elektronikbereich, rein aus dem Gedanken, dass dies etwas Zukunftsträchtiges sei.

Bereits kurze Zeit nach dem Abschluss wurde mir klar, dass ich diesen Beruf nicht bis an mein Lebensende ausüben will. Mir erschien er zu langweilig. Als nächste Stationen ergriff ich Berufe, in denen ich mehr Kundenkontakt hatte. Der frühere Lehrerwunsch war wie verschüttet. Und so lernte ich einige Jahre die Bankbranche kennen, vom Privatkundenbereich bis hin zur Buchhaltung.

Es dauerte eine ganze Weile, bis ich den Kontakt zu meiner inneren Stimme wiederfand. Seitdem übe ich den Beruf aus, der mir bis heute Freude macht. Und ich bin es auch noch lange nicht müde. Selbst der ursprüngliche Lehrerwunsch hat inzwischen seinen Platz in meinem Leben. Vor 3 Jahren gründete ich ein Ausbildungszentrum und gebe dort parallel zu meiner Praxistätigkeit mein Wissen weiter. Im Grunde sind es alles wunderbare Erfahrungen, wovon ich heute keine missen möchte. Jede einzelne trägt einen sehr großen Schatz in sich, wie mir in der Kommunikation mit meiner inneren Stimme inzwischen klar geworden ist.

Daher kann ich Sie nur ermutigen, offen und ehrlich einmal über Ihre Berufssituation nachzudenken und auch hier in Kontakt mit Ihrer inneren Stimme zu gehen. Es spielt im Leben keine Rolle, ob Sie von Anfang an im selben Beruf sind oder es mehrere Erfahrungen sind, welche es hier zu sammeln gilt.

Am wichtigsten ist, dass Ihnen Ihr Beruf Freude bereitet.

FREUDE AM BERUF

Die aktuellen Zahlen von Statista belegen, dass Burnout- und Depressionsfälle in Deutschland signifikant angestiegen sind.[12] Natürlich weiß ich, dass hierbei neben dem Beruf auch noch andere Faktoren eine Rolle spielen, besonders die Sexualität.

Üblicherweise zielen Prävention und Therapie in unserer Gesellschaft auf Möglichkeiten ab, den Betroffenen zu helfen, die beruflichen Belastungen zu ertragen und Entlastungsangebote zu schaffen. Dabei bleibt jedoch die eigentliche Beanspruchung durch die Arbeit erhalten. Doch soll bereits Konfuzius gesagt haben:

„Wähle einen Beruf, den du liebst, und du brauchst keinen Tag in deinem Leben mehr zu arbeiten.“[13]

Ob man seinen Beruf unbedingt lieben muss, darüber könnte man sicher philosophieren, doch zumindest sollte man dabei Freude empfinden. Denn wenn Sie einer täglichen Arbeit nachgehen, die Sie mögen und mit Freude ausführen, weshalb sollte die innere Stimme dann durch Symptome rebellieren?

Etwas, was zutiefst zu uns gehört, brennt uns nicht aus, sondern es erfüllt uns.

Daher die Frage an Sie:

Wie stark identifizieren Sie sich aktuell in Ihrem Leben mit Ihrem Beruf?

Mögen Sie Ihre Arbeit oder regen Sie sich bereits auf, wenn Sie nur daran denken?

Notizen:

....

....

....

....

....

....

....

....

....

....

BURNOUT DURCH FALSCHE BERUFSWAHL

Bei Vorträgen an öffentlichen Einrichtungen oder von meinen Klienten höre ich oft bei diesen Fragen: „Ich habe aber doch nichts anderes gelernt“ oder „Ich muss davon meine Familie ernähren“.

Natürlich ist mir bewusst, dass wir mit unserer Arbeit unseren Lebensunterhalt verdienen müssen. Dies steht völlig außer Frage. Doch warum nicht mit der Arbeit, die Ihrem Inneren entspricht und Ihnen Freude bereitet? Und vertrauen Sie dabei auf Ihre innere Stimme.

Sollten Sie am Morgen mit dem Gedanken aufwachen: „Nicht schon wieder“, dann besteht dringender Handlungsbedarf. Die Steigerung wäre dann noch, wenn Sie gar nichts mehr empfinden, weder Freude noch Unlust, sondern wie ein Roboter rein mechanisch funktionieren und handeln.

Wenn jeder „seinem“ Beruf nachgehen würde, wäre das auch wirtschaftlich rentabler, denn es gäbe um ein Vielfaches weniger Symptome, Krankschreibungen und Ausfälle. In diesem Zusammenhang ein Fallbeispiel aus meiner Praxis:

Der Klient litt seit längerer Zeit unter starken Burnout-Symptomen: anhaltende Müdigkeit, Erschöpfung, nachlassende Leistungsfähigkeit, Rückzug, innere Leere und Sinnverlust. Die konventionellen Mittel waren bereits ausgeschöpft.

Beruflich war er bisher einer rein naturwissenschaftlichen Tätigkeit nachgegangen. Aufgrund seiner Intelligenz und aus rein finanziellen Erwägungen hatte er ein naturwissenschaftliches Studium absolviert. Die Verbindung zu seiner inneren Stimme war vollkommen abgeschnitten. Es brauchte eine Weile, um diese sprichwörtlich freizuschaufeln, damit sie wieder Gehör finden konnte. Durch den Kontakt zur inneren Stimme, welcher zu Anfang über die Bildersprache stattfand, verschwanden die Burnout-Symptome bis heute. Inzwischen hat der Klient seinen gut bezahlten wissenschaftlichen Beruf aufgegeben und eine Handwerkerlehre absolviert. Innerhalb seines neuen Berufsfeldes kombiniert er sein naturwissenschaftliches Wissen mit der praktischen Umsetzung. Dies entspricht ihm in seinem Inneren viel mehr und bereitet ihm Freude.

Ein wichtiger Aspekt innerhalb der Berufswahl ist das dahinterliegende Motiv. Wenn dieses in rein wirtschaftlichen Erwägungen liegt, ohne Berücksichtigung Ihrer inneren Stimme, werden Sie früher oder später ausgebrannt sein.

Ihre innere Stimme ist ein Vermittler, der Ihnen auch sagt, inwieweit Sie sich mit Ihrer Arbeit gedanklich sowie gefühlsmäßig identifizieren können.

Je mehr Sie sich mit Ihrem Beruf identifizieren, desto stärker wird auch Ihr Gefühl sein, dass dieser Ihre Berufung ist.

MACHTSTREBEN AUFLÖSEN

Doch wie drückt sich die innere Stimme durch die Bildersprache zum Thema Beruf aus? Dazu ein Beispiel, in dem Verstand und Gefühl voneinander getrennt sind und gleichzeitig erneut ein innerer Kampf zweier unterschiedlicher Anteile stattfindet. Der hier vom Klienten durch die innere Stimme gewählte Beruf des Richters stellt keine Bewertung des Berufs als solchen dar, sondern betont die Bedeutung des Themas:

„Ich bin Richter, trage eine Robe und eine Lockenperücke. Der Saal ist voller Menschen. Es interessiert mich gar nicht, was aus den Menschen wird. Ich verurteile nach Lust und Laune. Ich komme mir groß und ziemlich mächtig vor. Vor mir steht eine Frau mit einem kleinen Kind an der Hand. Ich höre nicht mal hin, was sie mir zu sagen hat. Ich klopfe mit meinem Hammer, verurteile sie und zeige einfach nur weg. Sie weint. Das Mädchen, was sie an der Hand hat, schaut mich traurig an. Doch auch das ist mir egal. Sie gehen. An diesem Tag war es die letzte Sitzung, mehr habe ich nicht. Ich drehe mich um, stehe auf und gehe weg. Ich setze mich erst mal in meinen Bürosessel, lege Robe und Perücke ab. Für mich ist es einfach meine Arbeit, und so lege ich meine Beine hoch, nehme mir einen Schnaps und eine Zigarre und genieße es."

Hier kommt zum Ausdruck, was es heißt, seinen Beruf aus reinem Machtstreben und gleichzeitig völlig gelangweilt auszuüben.

An dieser Stelle tritt wieder das Polaritätsprinzip zutage. Die einseitig betonte Macht kippt an einem späteren Punkt in die Ohnmacht. Doch zuvor kommt der Klient noch mit seiner weicheren Seite in Berührung:

„Als ich von der Arbeit rausgehe, wandelt sich etwas in mir. Ich gehe wie in ein anderes Leben rein, nach Hause zu meiner Frau und meinen Kindern. Dort fühle ich mich warm und geborgen, als liebender Vater. Meine Frau ist sehr schön, und ich liebe sie. Sie wissen nicht, wo ich herkomme oder wo ich arbeite.

Unser Haus ist einfach, aber dennoch warm und gemütlich. Am nächsten Tag verabschiede ich mich liebevoll, drehe mich um und gehe wieder in dieses Gericht. Ich setze meine Perücke auf, lege die Robe wieder an und schalte völlig um."

Es ist wie eine sprichwörtliche Trennung zweier Welten, die sich nicht berühren dürfen. Ungefähr so, als ob man am Eingang seiner Arbeitsstelle aus der einen Welt heraustritt und anschließend wie ein Schauspieler in eine andere Rolle schlüpft. Gerade so, als dürften sich diese zwei Welten oder inneren Anteile bloß nicht begegnen. Dabei gehören alle Anteile, symbolisiert in den Bilderfiguren, zu uns.

Der Verbindungswunsch der inneren Stimme drückt sich dann so aus:

„Am nächsten Gerichtstag steht plötzlich meine Frau mit unseren zwei Kindern vor mir. Sie erkennen mich nicht, und ich bin der Richter. Der Junge hat angeblich einen Apfel gestohlen. Ich sitze da oben und weiß nicht, was ich machen soll. Ich sage nichts und gehe. Sie haben mich nicht erkannt. Beim Rausgehen ziehe ich die Perücke ab, schmeiße die Kutte runter und renne weg, einfach nur weg. Die Leute da draußen erkennen mich dagegen. Sie fangen an, mich zu beschimpfen, mich zu schubsen und werfen Steine nach mir. Ich renne einfach nur, aber ich kann vor ihnen nicht wegrennen."

In dieser Situation findet geradewegs ein Kurzschluss statt. Diesen können Sie sich auf die gleiche Weise, wie Sie ihn aus der Physik kennen, vorstellen. Hierbei kommt es zu einer unmittelbaren Verbindung zwischen zwei unter elektrischer Spannung stehenden Leitungen. In unserem Inneren handelt es sich dabei um Anteile, die so konträr zueinander stehen, dass sie bei einer Begegnung einen Kurzschluss erzeugen. Das geschieht vor allem dann, wenn ein Anteil abgelehnt wird.

Obwohl Richter ein ehrbarer Beruf ist, möchte der Mann nicht, dass die Familie von diesem weiß und versteckt sich vor ihr, in dem Versuch, eine Pseudo-Einheit herzustellen. Dabei handelt es sich lediglich um ein Wechselspiel von der Rolle der Macht zur Ohnmacht. Doch dadurch kann der Klient die Polarität erfahren. Im Anschluss, wenn ihm klar geworden ist, dass weder das eine noch das andere Extrem dauerhaft Bestand hat, werden die Pole beziehungsweise inneren Anteile zusammengeführt, was zum Auf- oder Erlösen der Polarität führt. Das Erfahren der Polarität ist aber notwendige Voraussetzung, damit sie schließlich aufgelöst werden kann. Bezogen auf die Berufswahl spricht für den Klienten nichts dagegen, in einer leitenden Funktion tätig zu sein. Das Entscheidende dabei ist, diese mit einem liebenden Gefühl auszuüben und auch so zu handeln.

BEGRENZENDE BERUFLICHE VORSTELLUNGEN ABLEGEN

Zur Verdeutlichung noch ein weiteres Kommunikationsbeispiel mit der inneren Stimme. Auch bei diesem Klienten fand die Berufswahl eher aufgrund von Empfehlungen statt. Er führte seinen Beruf zwar nicht gelangweilt aus, unterdrückte aber andere innere Anteile, was sich im Leben des Klienten deutlich zeigte. Auch hier hielten die Burnout-Symptome gekoppelt mit einer mittelgradigen Depression bereits Einzug:

„Ich bin als Gastprofessor an einer Uni. Die Zuhörer und Studenten wirken blass und farblos. Abseits sitzt die vor Ort ansässige Professorin. Sie wirkt ganz anders, weiß gekleidet, langes Haar. Sie strahlt Unbehagen auf mich aus, als würde sie mich durchschauen. Ich erzähle über Wolken, wie ein

Meteorologe, und glaube schon, dass es richtig ist, was ich erzähle. Am Ende gestatte ich einige Fragen, erkläre alles, und die Studenten sind zufrieden. Ich bedanke mich. Die Professorin kommt auf mich zu. Es ist mir unheimlich, und ich gehe weg."

Hier kommen zwei starke innere Anteile, die im Leben nicht miteinander kommunizieren, zum Ausdruck: der reine menschliche Verstand als Professor und das dazugehörige Gefühl als Professorin. Auf den Verstand wirkt das Gefühl eher wie eine Bedrohung in Form von Unbehagen. Da wir jedoch alle auf der Suche nach Einheit sind, wird auch hier im Weiteren versucht, eine Pseudo-Einheit herzustellen. In den Bildern zeigt sich dies darin, dass der Professor zu einer Prostituierten geht. Im Leben könnte beruflich der Versuch unternommen werden, immer mehr Geld zu verdienen, um damit ein Gefühl von Einheit zu erlangen. Dass dies illusorisch ist, gibt die innere Stimme sofort zu erkennen:

„Am Nachmittag gehe ich in der Stadt zu einer Prostituierten. Sie kennt mich, denn ich gehe öfter hin. In mir ist der Wunsch, Erregung auf der reinen Körperebene zu erlangen. Doch sie erregt mich nur wenig. Ich bin frustriert und spüre es in meinem Herzen. Wir fingern rum, doch ich fühle mich verzweifelt. Ich nehme mein Goldsäckchen, schmeiße ihr viel zu viel hin, doch es gibt mir nichts. Und so gehe ich vor die Tür, setze mich weinend hin und heule, auch bei einer Prostituierten nicht das zu

finden, was ich suche. Da bin ich nun schon mal Professor."

Etwas rein auf der Körperebene ausleben zu wollen, erweist sich hier als leer und gehaltlos. So löst der Versuch, sexuelle Befriedigung mit einer Prostituierten zu erlangen, sofort Herzschmerz aus. Gleichzeitig stellt die Körperebene auch den finanziellen Bereich dar:

„Die Prostituierte kommt noch mal raus, ich schreie sie an, dass ich nicht ficken will. Sie fragt mich, ob wir beten wollen und hält mir einen Spiegel vor. ‚Du verdienst Geld rein äußerlich, aber du kommst trotzdem jede Woche zu mir und verzweifelst daran.' Ja, ich verdiene mit der Wolkenforschung Geld. Doch alles, was ich habe, das ist alles nichts."

An dieser Stelle kommt es erstmals zu einer Begegnung der zwei Anteile und gleichzeitig zur Bewusstwerdung. Anfangs ist der Professor aufgrund seiner starken Verstandesprägung noch etwas skeptisch, doch allein schon die reinen Worte der Frau berühren ihn:

„Sie: ‚Ja, das weiß ich.' ‚Woher?' ‚Weil ich ein Mensch bin, der spürt, was anderen Menschen fehlt.' Ich bin fasziniert, wie das sein kann, bin aber noch skeptisch und sage es ihr auch. Sie will mein Geld gar nicht. Ich frage sie, warum sie den Beruf der Prostituierten macht. Sie liebt es, dominiert zu werden. Es gibt ihr das Gefühl, lebendig zu sein."

Die innere Stimme betont hier, wie wichtig es ist, Freude am Beruf zu haben. Dadurch, dass ausgerechnet eine Prostituierte Gefallen an ihrem Beruf findet, eröffnet sich die Möglichkeit, begrenzende Vorstellungen im Leben, wie etwas zu sein hat, abzulegen. Um die innere Diskrepanz noch zu verstärken, wird auch sofort noch eine weitere Vorstellung auf den Kopf gestellt:

„Zu mir sagt sie: ‚Dir fehlt der Glaube.' Ich werde wütend. Seht ihr denn nicht, dass die ganzen Kirchenvertreter nur Scheiße erzählen. Sieht das denn niemand. Sie: ‚Ich spreche nicht davon. Der Priester kommt auch her in seiner Scheinheiligkeit.' Ich muss lachen. Er ist also auch so ein Schlappschwanz wie ich. Bei dem Gedanken, dass der Priester auch zu ihr kommt, fühle ich mich angeekelt und mir wird schlecht."

Die Reaktion ist ein Wechselspiel zwischen Schadenfreude und ablehnender Bewertung, die im Anschluss zu Übelkeit und Ekel führt:

„Jetzt sehe ich, dass die Uni vorbei ist, und ich liege völlig vollgekotzt und abartig am Boden. Ich will nicht, dass mich jemand sieht. Doch da steht die Professorin schon da. Ich fühle mich wie der letzte Dreck, wie ein erbärmliches Stück Mensch."

Dies ist eine bittere Pille. Letztendlich wird nun die Angst vor dem eigenen Gefühl erkannt. Das eigene Leben erweist sich in diesem Zusammenhang als erbärmlich. Auch im Rückblick wird nochmals klar, was ein derart einseitig geführtes Leben bedeutet:

> *„Rückblick: Weltlich gesehen war es ein erfolgreiches Leben, doch von innerer Erfülltheit war nichts vorhanden und somit blieb es letztendlich erbärmlich, gefühl- und vor allem gehaltlos."*

Die innere Stimme kommuniziert in allen Lebensbereichen mit uns, so auch im Beruf. Die Bildsequenz macht aber deutlich: Der Beruf selbst ist nur von untergeordneter Bedeutung, denn vielmehr geht es darum, die Berufung in der Aussöhnung mit dem Leben und seiner Polarität zu finden. Ansonsten wird sich die Unzufriedenheit im nächsten Beruf wiederholen. Das ist ein sehr entscheidender Aspekt und zeigt letztendlich, dass ein Berufswechsel allein nicht ausreicht.

BERUFUNG ALS SINN IM LEBEN

Die Suche nach dem Sinn in unserem Leben und damit nach unserer eigentlichen Berufung rückt heute immer mehr in den Vordergrund. Auch eine neue Untersuchung von Ryan Duffy, Bryan Dik und Michael Steger im „Journal of Vocational Behavior“ zeigt, dass es nützlich sein kann, die eigene Berufung zu entdecken. Unter Berufung verstehen die Autoren eine Art überweltliche Aufforderung, einer bestimmten beruflichen oder privaten Tätigkeit nachzugehen. Wir erleben sie als von außen an uns herangetragen, zum Beispiel durch soziale Notwendigkeiten, unsere Geschichte, das Schicksal oder Gott. Gleichzeitig schließt sie Werte sowie Ziele ein, die sich auf andere beziehen und die den Berufenen selbst motivieren. Und sie ist kein einmaliges Ereignis, sondern ein länger andauernder Vorgang, was sich in Aussagen zeigt wie: „Ich habe immer nach meiner Berufung gesucht" oder „Ich habe eine Berufung in mir gespürt, die immer klarer wurde".[14]

Dem kann ich nur zustimmen, denn es deckt sich mit meinen Beobachtungen und Erfahrungen.

Deshalb eine Frage an Sie:

Haben Sie sich schon einmal die Frage nach dem Sinn in Ihrem Leben gestellt?

Wenn nicht, dann fangen Sie doch gleich damit an.

Notizen:

....

....

....

....

....

Über die Frage nach dem Sinn des Lebens denken Philosophen schon seit Jahrtausenden nach. Und so wie es aussieht, gibt es keine allgemeingültige Antwort. Diese kann es letztendlich auch gar nicht geben, denn die Antwort liegt in jedem selbst. Um an die Worte der inneren Stimme zu erinnern:

„Mein Hauptansinnen ist, dich dazu zu bewegen, all deine von dir verdrängten Anteile einzusammeln und anzunehmen, so dass du die darin vorhandene reine Lebensfreude wieder spürst.

Denn genau dies ist der Gradmesser für dich: Je mehr tiefempfundene Freude du in deinem Leben erfährst, desto stärker bist du mit mir im Einklang."

Es geht letztendlich um reine tief empfundene Lebensfreude, welche sich allein schon am Eigenwert des Lebens selbst erkennen lässt. Robert Burns' Aussage brachte es vor drei Jahrhunderten auf den Punkt:

„Der Sinn des Lebens ist ein Leben mit Sinn." [15]

Das Entscheidende dabei ist: Dafür, einen Sinn im Leben zu schaffen, ist niemand in der Außenwelt zuständig, sondern jeder für sich selbst. Daher kann ich im ersten Schritt nur eine grundlegende Aussöhnung mit dem Leben und dem ihm zugrundeliegenden Polaritätsprinzip empfehlen. Was nichts anderes bedeutet, als das Leben im wahrsten Sinne des Wortes zu genießen und sein Glück darin zu finden. Und da wir innerhalb unseres Lebens eine beträchtliche Zeit mit dem Ausüben unseres Berufes verbringen, ist es gleichfalls sinnstiftend, auch diesen mit Freude auszuüben. Nutzen Sie dazu die Worte Ihrer inneren Stimme, hören Sie ihr zu. Sie wird Sie auf den richtigen beruflichen Weg führen!

SICH AUF DAS LEBEN EINLASSEN

Hier noch ein Fallbeispiel einer Klientin, die sich nach ihrer eigenen Aussage ziemlich verloren im Inneren fühlte. Die Kommunikation mit der inneren Stimme war ihr inzwischen vertraut, und doch zog sie erst einmal erneut eine Mauer, als Ausdruck von angeeigneten Mustern und Verhaltensweisen:

„Ich bin eine Frau und arbeite im Alter von 20 Jahren an einer Mauer. Links ist sie noch in Ordnung, nur rechts ist sie ziemlich kaputt. Ich schaue sie mir an und überlege, ob ich sie noch reparieren kann. Wiederaufbauen als Ganzes möchte ich sie nicht. Also überlege ich mir, daraus ein Muster zu gestalten, sie einheitlich schräg nach unten zu mauern, so dass ein Muster in Form eines Dreiecks entsteht. Was trenne ich hier eigentlich schon wieder?"

Das Bild einer Mauer wird durch die innere Stimme oft hervorgebracht, um die eigene Begrenzung anzuzeigen. Im Zusammenhang mit der Mauer werden keine Gefühle der Freude empfunden. Die Lösung liegt darin, sich bewusst zu werden, dass der eigene Verstand diese Begrenzung gesetzt hat und sie sich deshalb auch so wieder entfernen lässt. In unserem Beispiel fällt es der Klientin bereits auf, dass sie sich selbst von inneren Anteilen getrennt hat:

„An dem Punkt darf ich mir erst einmal anschauen, um was für zwei Bereiche es hier geht. Auf meiner Seite bin nur ich, sonst nichts und niemand. Auf der anderen Seite von der Mauer sind sehr viele Kinder. Sie schauen mich ganz erwartungsvoll mit fragendem Blick an, was ich denn nun jetzt mit der Mauer vorhabe. Auf meiner Seite sieht sie schwarz aus und auf ihrer Seite weiß. Die Kinder winken mich zu sich rüber, und ich gehe darauf ein."

Die Klientin führte bisher wohl ein sehr einseitiges Leben, in dem es nur schwarz und weiß gab. Die Kinder stehen für Gefühle, und von denen ist sie aktuell getrennt. Daher empfindet sie sich im Leben auch innerlich verloren mit den typischen Symptomen einer Depression. Angst entsteht, als sie sich der Vielzahl der Gefühle bewusst wird, die jedoch alle zu ihr gehören:

„Doch plötzlich verändert es sich. Als ich auf meiner Seite stand, waren es alles freundliche und liebevolle Gesichter. Jetzt verwandeln sie sich in

hässliche Fratzen, die sich bei mir festkrallen und mich mitnehmen. Am liebsten würde ich wieder zurück, doch ich kann nicht. Sie nehmen mir meine Freiheit, denn sie sperren mich in ihrer Höhle ein. Ich weiß im Moment weder, was mit mir los ist, noch, was das soll. Ich verliere gerade die Kontrolle."

Das Gefühl, die Kontrolle zu verlieren, können Sie sich wie eine Ohnmacht vorstellen. Diese bezieht sich hier nicht auf die Körperebene in Form eines kurzeitigen Verlustes des Bewusstseins, sondern auf die Gefühlsebene. Ein Kontrollverlust kann verschiedene Gefühle wie Angst, Aggression, Trauer oder Hilflosigkeit auslösen. In diesem Beispiel handelte es sich um Wut. Solange man jedoch einseitig in diesem Gefühl sprichwörtlich „gefangen" bleibt, wird und kann sich nichts lösen. Das Gleiche gilt natürlich für den Versuch, die Wut als solches zu unterdrücken. Sie wird in ungerichteter Form, wann und wie auch immer, ausbrechen. Daher liegt auch hier die Lösung im Annehmen und Akzeptieren der Wut als einen Anteil von sich selbst. Aus dieser oft unerlösten Form lässt sich im Umkehrschluss jede Menge Handlungsenergie gewinnen. Dies zeigt sich auch innerhalb der weiteren Kommunikation mit der inneren Stimme:

„Die Monster setzen sich um ein großes Feuer. Ich sitze im Gefängnis, kann alles sehen und glaube das hier alles nicht. In mir ist eine Wut, dass ich mich

habe einfangen lassen! Was die mit mir vorhaben, weiß ich nicht. Nur, dass ich es mir nicht gefallen lassen will. Bisher hat mir meine Wut nie weitergeholfen und so bleibt mir nichts, als zu warten. Sie scheinen das zu spüren, bringen mir ab und an etwas zu essen. Auf der Körperebene magere ich nicht ab, doch innerlich fühle ich mich immer mürber werdend, und so bleibt mir nichts anderes übrig, als mich darauf einzulassen."

Gemeint ist, sich auf das Leben selbst einzulassen, sich anzunehmen mit allen Gefühlen. Dies wird im Inneren sofort wahrgenommen:

„Kurz darauf holen sie mich raus. Sie setzen mich in ihre Mitte und fangen an, mit mir zu schimpfen. Warum ich nicht mit ihnen rede, nie mit ihnen gesprochen habe. Ich zucke erst mal nur mit den Schultern. Sie werfen mir diese Mauer vor, wieso ich sie gebaut hätte. Ich wollte meine Ruhe haben, meinen Raum für mich. Dafür hätte ich keine Mauer bauen brauchen. Aber wie sollte ich mir sonst meinen eigenen Raum schaffen, wenn ich mich nicht einfach ein Stück zurückziehen kann? Wo soll ich denn hingehen ohne diese Trennung?

Sie drehen sich alle weg von mir, als wären sie beleidigt. Ich frage sie, warum sie es machen. Ob mir der Raum jetzt reichen würde, wenn ich sie nicht sehe, fragen sie mich. Das ist ein eigenartiges Gefühl, denn ihr seid ja trotzdem noch da. Ihr dreht mir zwar den Rücken zu, könnt euch aber auch wieder umdrehen.

Es ist wie eine schweigende Präsenz."

Hierbei handelt es sich um einen Dialog der Klientin mit ihren inneren Anteilen, die bisher abgetrennt waren und von ihr nicht beachtet wurden. Es liegt eine große Angst vor der Tiefe und Vielzahl der eigenen Gefühle vor:

„Eines von den Kindern dreht sich wieder um und bittet mich, mit ihm in einer Röhre abzusteigen. Ich lasse mich darauf ein. Wir setzen uns vor diese Röhre, in der alles schwarz wie Pech ist und rutschen runter. Das Kind schaut mich an und konfrontiert mich damit, dass ich versucht hätte, zu betrügen. Ich muss komplett eintauchen, auch mit dem Kopf, mehr will ich von dir nicht."

Dies ist wie ein Schnellwaschgang ohne Wenn und Aber. Eine Aussage wie „Na ja, ich kann mich ja mal darauf einlassen" wäre ein erster Schritt in die Richtung, sich auf etwas, in diesem Fall sich selbst, einzulassen. Was hier jedoch zum Ausdruck kommt, ist – ähnlich wie das bereits beschriebene Herstellen einer Pseudo-Einheit – ein schneller und kurzer Versuch, um möglichst die Kontrolle zu behalten. Die inneren Anteile der Klientin spüren das sofort und melden sich dementsprechend mit einer Konfrontation:

„Ich muss also da rein. Und so tauche ich mit den Füßen voran in die dunkle Masse, die mich richtiggehend einsaugt. Ich fühle mich darin wie gelähmt, als würde sich Beton um mich verfestigen. Obwohl es mir sehr eng ist, vertraue ich dem Kind,

denn es hat mir versprochen, dass mir nichts passieren wird. Von oben drückt mir ein Gefühl auf meinen Kopf, so dass ich vollständig untertauche."

Dieses Mal gibt es keinen Versuch des Betrügens, sondern es entsteht ein Gefühl des Vertrauens.

Letztendlich geht es um das Vertrauen in die Kommunikation mit Ihrer inneren Stimme, welche ja als Sprachrohr für all Ihre inneren Anteile dient. Das Vertrauen ist ein Ausdruck von Selbstvertrauen. Um das Selbstvertrauen zu stärken, ist es sehr ratsam, die eigene oft negative Meinung von sich durch eine positive zu ersetzen. Dies geschieht zunächst durch das Loslassen von Bewertungen und führt anschließend zur Selbstannahme:

„Langsam löst sich dieses Betongefühl, und es geht noch mal in eine Schlucht tief nach unten."

Wie bereits in Kapitel 2.1 geschildert, steht der Teufel symbolisch für all unsere verdrängten Anteile, die in den Schatten geschoben wurden. Daher ist es auch wenig verwunderlich, ihm in der eigenen Tiefe zu begegnen.

Das Ungewöhnliche an der folgenden Szene ist jedoch, dass die Klientin sich bei ihm wie zu Hause fühlt. Dieses Gefühl entsteht erst, als sie sich mit ihm einlässt:

„Unten angekommen stehe ich vor dem Teufel. Völlig erstaunt schaue ich ihn an, als er auf mich zukommt und mich küsst. Er ist froh, dass ich da bin und freut sich, mich zu sehen. In mir entsteht ein vollkommen vertrautes Gefühl. Ich komme mir vor, als wäre ich zu Hause. Das ganze Pech fällt von mir ab, und darunter trage ich ein blaues Kleid, sehr prunkvoll. Ich trage eine Krone auf dem Kopf, wie seine Königin."

Hier kommen wir dem Berufungsthema sehr nah, da dies dem Auflösen der eigenen Polarität entspricht. Gleichzeitig wird in der kommunikativen Bildersprache mit der inneren Stimme eine berufliche Möglichkeit für die Klientin aufgezeigt:

„Hier unten sind alles Seelen, die dachten oder glaubten, verloren gegangen zu sein, vom Weg abgekommen. Er holt sie runter in die Pseudohölle und meine Aufgabe ist es, ihnen zu zeigen, dass der Weg nach oben noch da ist. Ich habe die Kraft, sie wieder hochzuschicken und ihnen die Kraft zu geben, ihren Weg weiterzugehen. Es ist nicht wie in einem Königreich, wo das Volk bleibt, sondern es findet ein ständiger Wechsel statt. Die Seelen kommen und gehen. Ich rede mit ihnen und zeige ihnen das mit meiner ganzen Wärme. Ich strahle unwahrscheinlich viel Wärme und Liebe aus. Anfangs denken sie, sie sind in der Hölle gelandet, aber es ist nicht so. Beim Teufel fühlen sie sich zunächst ängstlich und erschrocken und se-

hen mich erst später. Ich gebe ihnen Kraft und zeige ihnen, dass ihre Vorstellungen nicht das Ende bedeuten."

Das berufliche Potential, das hier für die Klientin offensichtlich wird, besteht darin, Menschen, die sich im Leben verloren glauben, durch ihre warmherzige und liebevolle Art zu helfen. Sie setzte dies auch zu einem späteren Zeitpunkt um. Heute arbeitet die Klientin im sozialen Bereich und hat ihre Berufung zum Beruf gemacht, Menschen auf ihrem Weg zu begleiten:

„Ich selbst liebe meinen Teufel über alles. Wir sind wie eine Einheit."

Der Teufel selbst ist nur ein Symbol für die Erzeugung von Polarität, im Grunde der Gegenpol für das Göttliche. Erst durch Ablehnung innerer Anteile entsteht ein Gefühl des Getrenntseins. Dieses liegt in einer Vielzahl von Vorstellungen begründet, wie es sich in der Bildersprache zeigt:

„Doch wozu dient das Ganze?, frage ich mich. Runter heißt einfach, sich frei zu machen von den ganzen Vorstellungen. Die meisten denken, sie landen in der Hölle, und ihr ganzes Leben ist vorbei. Hier soll ich ihnen zeigen, dass alles, unsere gesamte Welt, eine materialisierte Vorstellungswelt ist. Und zurück nach oben heißt, den Weg freien Herzens gehen zu können, und dass es immer einen Weg gibt, immer."

Lassen Sie die antrainierten Vorstellungen und Bewertungen los, und lernen Sie, Ihr eigenes Leben zu lieben. Dazu kann ich Sie nur ermutigen. Es wird sich in jedem Fall für Sie lohnen. Etwas anders ausgedrückt bedeutet dies:

Entscheidend ist, dass Sie Ihr Leben nicht nur durchleben, sondern es im wahrsten Sinne des Wortes durchlieben.

Dann finden Sie auch Ihre wahre Berufung.

4.5

Die tiefere Essenz der inneren Stimme

Im Anschluss an die einzelnen Lebensbereiche gehe ich jetzt auf die Ausdrucksform der inneren Stimme in ihrer tieferen Essenz ein, die in Kapitel 2.1 bereits ansatzweise zur Sprache kam. Ich möchte an dieser Stelle darauf hinweisen, dass allein Ihre innere Stimme zum Ausdruck bringt, in welcher Präsenz und Tiefe Sie die Gesetzmäßigkeiten der Welt in Ihrem Leben in Erfahrung bringen wollen.

Wie in den bisherigen Bildsequenzen immer wieder deutlich wurde, bedingt nach dem Gesetz der Polarität stets der eine Pol auch den anderen. Doch was heißt dies in seiner tieferen Essenz? Es geht dabei im Wesentlichen um die Vereinigung der Gegensätze im eigenen Inneren. Dazu zwei Fallbeispiele, in denen dies stark zum Ausdruck kommt:

GOTT UND DIE ERFAHRUNG DER POLARITÄT

Im ersten Beispiel verwendete die innere Stimme eines Klienten Gott im gegenpolaren Prinzip zum Teufel. Der Klient hatte sich zuvor nicht mit Religion beschäftigt. Ganz im Gegenteil, er lehnte sie innerlich vollkommen ab. Doch aufgrund dieser sehr einseitigen Haltung rief er im Dialog mit seiner inneren Stimme sofort den anderen Pol hervor. Ich gab ihm in einer Sitzung nur die Aufgabe, dass er sich im Inneren vor ein Tor stellen solle mit der Aufschrift „Mein nächster Entwicklungsschritt“:

„Ich stehe vor diesem Tor mit einem Sack voller Ziegelsteine auf dem Rücken. Sie stehen für meine aufgeladene Schuld. Ich weiß, dass er sie mir vergibt, und so stelle ich den Sack ab. Am Tor ist rechts ein kleiner Durchgang. Es ist nur ein Schritt."

Es ist nur ein Schritt, den wir manchmal im Leben gehen bräuchten, und doch ist er wie ein Meilenstein:

„Ich fühle mich wie ein kleines Kind, was zaghaft um die Ecke schaut. Es ist wie ein Nebel und als ob sich darin eine Stimme und ein Gesicht formen. Dieses Mal ist es Gott. Er lächelt mich an, als wäre nie etwas gewesen, und sagt: ‚Schön, dass du wieder bei mir bist!' Ich bin so tief berührt, dass ich es mit Worten nicht ausdrücken kann. Er schaut mich an und sagt: ‚Du bist freiwillig gegangen, und ich danke dir dafür, dass du gegangen bist! Es ging darum, Erfahrungen zu machen mit der Polarität. Zur Polarität gehört auch Schuld dazu.' Ich fühle mich erleichtert, ein Gefühl, wieder zu Hause zu sein."

Es handelt sich dabei um ein Gefühl tiefen inneren Friedens. Dieses entsteht im Leben durch die Verbindung mit der inneren Stimme und durch Meditation. Der Begriff „Schuld“ kommt aus dem Bereich der eigenen moralischen Bewertungskategorien, auch zu verstehen im Sinne eines Verstoßes gegen das eigene moralische Gewissen. Dies spricht dafür, dass das Leben des Klienten gerade aus dem Gleichgewicht geraten ist:

„Was ist das? Vor meinem inneren Auge erscheint plötzlich Luzifer in der Wolke und stellt sich zwischen uns. Ich bin ganz beeindruckt. Gott begrüßt ihn genauso, wie er mich begrüßt hat. Die beiden lächeln miteinander, als ob sie die besten Freunde sind. Gott ist in Weiß, genau wie ich, und Luzifer klassisch in Schwarz-Rot gekleidet. Luzifer lächelt mich jetzt an. Ich schaue ihm ganz tief in die Augen. Es geht eine Wärme von seinen Augen aus, und er sagt zu mir: ‚Es ist nicht immer so, wie alles scheint. Das Äußere ist nur die Hülle. Ich habe dir alles gezeigt.‘ Wir lachen alle drei.“

Das ist wohl einer der deutlichsten und tiefsten Ausdrucksformen in der Bildersprache der inneren Stimme, in Bezug darauf, die Polarität zu verstehen, sie aufzulösen und dadurch in die innere Mitte und zur Ausgeglichenheit zu kommen:

„In mir ist der Gedanke: ‚Es ist alles nur ein Spiel für das große Ganze. Es gibt weder Schuld noch

Unschuld, weder Licht noch Schatten. Alles ist Projektionsfläche, die selbst geschaffen wird. Aber sie ist wichtig für die Erkenntnis. Und es ist so leicht, zurückzugehen. Es ist so simpel, so einfach.'

Für mich selbst heißt das, mich so anzunehmen, wie ich bin, vor allem, meine starken Bewertungen und Ablehnungen von und im Leben endlich abzulegen. Meine Dominanz und mein Machtstreben gehören genau so zu mir, wie die Wärme und Liebe meines Herzens."

Dies spricht für sich. Deshalb möchte ich es an diesem Punkt bei dem inneren Dialog des Klienten belassen und ausführlich auf das Fallbeispiel einer Klientin eingehen.

PROJEKTIONEN IN DIE AUSSENWELT

Da mir die Klientin ihr Therapietagebuch zur Verfügung gestellt hat, können Sie direkt in den Dialog zwischen dem, was in ihrem Leben aktuell stattfindet, und dem, was in ihrem Inneren unterdrückt wird, eintauchen. Hier zeigt sich die komplette Projektion des eigenen Inneren in die Außenwelt. Dafür kurz ein paar biografische Angaben:

Das Leben der Klientin war geprägt von einem Missbrauch im Alter von 6 Jahren und einer Schwangerschaft mit 14 Jahren. Aktuell wurde das Verhältnis zur Sexualität immer gespaltener.

Ihrem zweiten Ehemann war sie treu wie noch keinem Mann zuvor, doch Freude und Liebe beim Sex konnte sie nicht wirklich empfinden. Dies war nur der Fall, wenn sie Spiele trieben, zum Beispiel wenn er sie für Sex bezahlte. Hier wandelte sich etwas in ihr, und sie fühlte sich stark und machtvoll, obwohl er sie doch bezahlte und vermeintlich beherrschte.

Die Klientin war zu diesem Zeitpunkt 34 Jahre und Mutter von zwei Töchtern. Sie kam unter anderem mit der Frage zur Therapie, ob sie sich von ihrem Mann trennen soll. Er stand aus beruflichen Gründen ständig mit einem Fuß im Gefängnis, was für sie kaum noch auszuhalten war.

Jetzt mag der eine oder andere sicher denken: „Das kann man doch verstehen und nachvollziehen, dass sie sich trennen will.“ Doch gibt es gleichsam auch in der Klientin selbst Aspekte, welche die Trennung begünstigen. Dabei sei an die Frage „Was hat das Ganze oder die jeweilige Situation mit mir zu tun?“ erinnert.

Nutzen Sie die Chance und übertragen Sie die Frage auf Ihr eigenes Leben.

Mit wem oder was sind Sie vielleicht nicht einverstanden oder liegen sogar aktuell im Streit?

Schauen Sie, wo Sie ähnliche Aspekte wie Ihr Gegenüber bei sich selbst entdecken können. Diese mögen andere Inhalte betreffen, doch Sie tragen den Aspekt trotzdem gleichsam in sich.

Notizen:

....

....

....

....

....

....

....

....

....

....

....

....

....

....

Eine Auflösung der Situation kann erst stattfinden, wenn Sie die damit verbundene Projektion zu sich zurücknehmen und gleichzeitig diesen Aspekt in sich selbst auch annehmen.

Damit es zu keinen Missverständnissen kommt: Natürlich trägt auch das Gegenüber zu dem Konflikt bei. Doch wir ziehen immer unsere eigenen inneren Themen mit an. Denn jeder Mensch und die damit verbundene Situation befindet sich immer zu uns selbst in Resonanz (siehe Kapitel 4.2). Diese Gesetzmäßigkeit zeigt sich auch in der Physik und wird hier als Mitschwingvorgang bezeichnet. Dieser kommt zum Tragen, wenn ein schwingungsfähiges System, zum Beispiel ein Pendel, von außen periodisch angeregt wird (siehe Kapitel 1.2). Die Voraussetzung dafür ist, dass die erregende Frequenz ungefähr gleich der eigenen Frequenz des angeregten Systems ist. Und so verhält es sich in unserem gesamten Leben:

Was uns am anderen stört, finden wir in uns selbst, denn sonst könnte es uns niemals stören.

Das heißt, wir würden dann gar nicht damit in Resonanz gehen. Unser Gegenüber sendet also eine Frequenz aus. Und wenn unsere eigene Schwingung mit der Frequenz des Gegenübers identisch ist, reagieren wir darauf. Sie triggert uns förmlich an. Dadurch kehrt sich das Ganze um, und wir senden die gleiche Gedankenschwingung an das Gegenüber zurück, nur mit wesentlich mehr Energie. Hier entsteht eine Rückkopplung. Dies kennen Sie sicher von Streitsituationen, wenn sich das ganze Thema noch mehr hochschaukelt.

Solche Situationen schenken Ihnen die Möglichkeit, sich selbst besser zu erkennen. Und somit beginnen wir mit der Konfliktbearbeitung am besten bei uns selbst.

Zurück zur Klientin: Sie trägt einen sehr starken triebhaften Anteil, einen sehr starken Bindungsanteil und im polaren Gegenstück auch einen gleich starken Freiheitsanteil in sich. So stellt die aktuelle Ehe mit ihrem zweiten Mann für sie ein Gefängnis dar – ein Gefängnis, in das sie sich selbst durch die Vorstellung eines klassischen Ehemodells gebracht hat, die einseitig nur ihren Bindungsanteil nährt.

Doch sehen Sie selbst, wie sich die Situation der Klientin entwickelte. Zu diesem Zeitpunkt war sie bereits mit Ihrer inneren Stimme vertraut und schreibt in ihrem Therapietagebuch Folgendes:

> In der Zwischenzeit ist einiges geschehen in meinem Leben. So weiß ich jetzt, dass ich nur durch die Trennung von meinem Mann wieder meine eigene Kraft erlangen kann. Es hat sehr lange gedauert, bis ich mir das eingestehen konnte. Auch wenn es meinem Bindungsanteil gar nicht gefällt. Dennoch steht mein Entschluss fest. Mit der alternativen Option, mich durch Fremdgehen aus dem selbsterschaffenen Gefängnis zu befreien, komme ich einfach nicht klar. Ich weiß, dass ich im Bereich der Sexualität noch einiges in meinem Leben bewegen darf. War sie früher sehr flatterhaft, was mich nicht wirklich glücklich machte, bin ich in der Ehe durch meine Vorstellungen selbst eingesperrt, was so auch nicht funktioniert.

Zu Hause fühlt es sich natürlich gerade gar nicht mehr lustig an. Seit ich meinem Scheidungswunsch mehr Ausdruck verlieh, indem ich meinen Mann darum bat, vorerst ins Gästezimmer zu ziehen, hat er versucht, sich umzubringen. Auf diesen sind noch zwei weitere Selbstmordversuche gefolgt. Nach dem dritten Versuch kam er noch in der Nacht zurück. Ich lag im Wohnzimmer auf der Couch, und als er sich vor mich kniete, fiel eine geladene Waffe aus seiner Anzugshose auf den Boden. In dem Moment blieb mein Herz fast stehen. Ich hatte nur den Gedanken: Wie schütze ich jetzt meine Kinder und mich? Ich fand beruhigende Worte für ihn, und er brachte die Waffe raus. Meine Gefühle sprangen im Dreieck zwischen Angst, Hilflosigkeit und der Liebe zu ihm. Wie bitte soll ich mich je von ihm trennen können?

In der Außenwelt spiegelt sich die innere Symptomatik der Klientin wider. Die Todesangst, die hier ausgedrückt wird, ist gleichzusetzen mit der Angst vor der anstehenden Veränderung im Leben. Ihr stark ausgeprägter Bindungsanteil, will nicht so einfach loslassen. Die Situation ist sicher nicht entspannt, doch vor ihren eigenen inneren Anteilen kann sie nicht davonlaufen. Sie kann nur lernen, mit beiden gegenpolaren Anteilen umzugehen, und eine übergeordnete Position einnehmen, von der aus sie sich selbst ein Stück weit zuschaut und dadurch äußere Situationen erschafft, die nicht so extrem sind, wie die jetzige mit ihrem Mann. In der Außenwelt versucht die Klientin, die Situation gerade durch die Trennung von ihm in den Griff zu bekommen, doch dies löst im Endeffekt nicht das Problem in ihr selbst. Aber es ist ein erster Versuch, auf eine Ebene zu kommen, auf der sie ihre inneren Anteile nicht mehr so hart in der Außenwelt erleben muss, auf der sie diese auf eine zahme, weichere Art und Weise spüren darf. Somit gilt:

Werden Sie zum Lenker aller Ihrer inneren Anteile und hören Sie auf, sich nur mit einem zu identifizieren.

MACHT ALS SCHATTENTHEMA

Gleichzeitig gibt es zwischen der Klientin und ihrem Mann noch eine emotionale und eine materielle Abhängigkeit, die sie fast zerreißt. In ihren inneren Bildern zeigt sich dies zum einen als kleines Mädchen, das die schönen Dinge mag, und zum anderen als grausame Domina (im Bild als der Ziehvater), die machtgierig und völlig kalt gerade das Gegenteil lebt. Dazu ein paar kurze Bildsequenzen:

„Ich bin ein 8-jähriges Mädchen, allein auf einer Bühne und tanze das Ballettstück Schwanensee. Meine Lehrerin ist sehr streng und dominant. Im Publikum sitzt nur ein einziger Mann. Ich kenne ihn nicht, doch er strahlt Wärme und Geborgenheit aus und es zieht mich zu ihm hin. Hier verkrieche ich mich unter seinem Mantel, und er nimmt mich mit. Er bringt mich in einen Keller, in dem jede Menge fröhliche Menschen sind. In der Mitte liegt eine nackte Frau, die von allen gestreichelt wird. Ich kenne das nicht. Von der Frau geht keine Angst aus, sondern es scheint ihr zu gefallen.

Der Mann, der mich mitgenommen hat, winkt mich zu sich und sagt mir, dass ich eines Tages seinen Platz einnehmen werde. Er ist der Anführer und holt, genau wie bei mir, immer mehr Menschen unter seinem Mantel hier her. Es ist dort alles wie in einem Rausch, als ob man vergessen kann, was draußen war. Es ist dort für alles gesorgt, man muss sich um nichts Gedanken machen."

Den Zustand des Rausches können Sie sich wie unter Alkohol oder Drogen vorstellen und somit als den Versuch, eine Pseudo-Einheit herzustellen, was dem Herausspringen aus der Polarität gleichkommt. Und so wird diese sofort wieder spürbar, denn wo es Wärme und Geborgenheit gibt, herrschen auch Kälte und Macht:

„Jetzt gehe ich in einen anderen Raum, in dem ich vorher noch nie war. Dort hängen eine Menge

Menschen angekettet wie in einem Gefängnis. Entweder sie sind schon tot, da ihre Körper verhungert sind, oder kurz davor. Als ob von ihnen der Lebenssaft ausgeraubt wird, um die Menschen in dem anderen Raum davon zu ernähren. Ich fühle mich ziemlich durcheinander, denn bisher kenne ich meinen Ziehvater so nicht. Zu mir war er immer lieb, aber das?"

Diese Sequenz ist Ausdruck des inneren Gefängnisses der Klientin, das durch Negieren eigener Anteile entstanden ist. Dies zeigt sich in der Außenwelt wie in einem Spiegel durch ihren Mann, der ständig mit einem Fuß bereits im Gefängnis steht. Auch er will eigene Anteile nicht annehmen. Hier stellt jeder Partner den Spiegel des anderen dar.

Alles findet dazu noch im Keller (im Bereich des Unbewussten durch Verdrängung) statt, ob Freude, Sexualität in Form der nackten Frau oder auch die spätere Dominanz und Angst in Gestalt des Ziehvaters. Hier verstärkt sich das Thema – Trennung aus Angst vor einer Verbindung – und kommt damit in Form von Macht und Gewalt in weiteren, hier nicht dargestellten Bildsequenzen zum Ausdruck. In der Fortführung der inneren Bilder wird der Frau das Herz (als symbolisches Verbindungsglied zur inneren Stimme) von ihrem Ziehvater herausgerissen. Doch da sich das „Herz" nicht wirklich vernichten lässt, nimmt es der Ziehvater anschließend zu sich, und es fühlt sich wie Blei in seinem Magen an. Die Polarität des Lebens zu verdauen, scheint wohl eher keine leichte Kost zu sein.

In ihrem Therapietagebuch schreibt die Klientin dazu Folgendes:

> Es kommt mir gerade so vor, als hätte ich 35 Jahre komplett am Leben vorbeigelebt. Alles unterliegt meinen strengen Bewertungen, eingeteilt in Gut und Böse. In meinen Bildern werden zwar theoretisch andere ausgeblutet, doch letztendlich blute ich gerade selbst sprichwörtlich aus, wenn ich so weitermache wie bisher. In mir arbeitet es jedenfalls, denn so spüre ich noch lange nach der Sitzung, wie sich mein Magen nach Blei anfühlt. Das Herz liegt scheinbar noch dort, und diese Kost ist für mich gerade nicht so lustig. Ich stelle mir die Frage, wieso ich mit Macht immer etwas Negatives verbinde.

Ist Macht wirklich immer etwas Negatives? Es gibt die polare Macht, die zur Polarität dazugehört. Und es gibt die erlöste Form von Macht. Die polare Macht liegt auf der unteren, tiefen, verdichteten Schwingungsebene, die erlöste auf der entwickelten Schwingungsebene. Damit sollte aber keine Wertung verbunden sein. Jegliche Form von Macht ist erst einmal gleich.

Nur stellt sich die Frage, wie wir sie anwenden. Die untere Schwingungsebene enthält

Elemente von Aggression, die höhere Ebene Elemente von Kraft. Es ist also eine Frage, wie wir unsere inneren Anteile führen. Führe ich sie mächtig mit der Peitsche und damit „getrennt", oder führe ich sie liebevoll und partnerschaftlich und damit „gemeinsam"?

Eine Führungsrolle innehaben, heißt aber auch manchmal, mit der Faust auf den Tisch zu hauen und zu sagen, wo es langgeht. Das heißt, zu meiner Kraft, zu meiner Macht, zu meiner Aufgabe zu stehen. In der Polarität bedeutet das natürlich, dass man dann für denjenigen, dem das gerade nicht so gefällt, als der Schurke dastehen mag. Dieser Aspekt wird aber aus Unwissenheit häufig abgewertet. Da der Teufel symbolisch, wie in Kapitel 2.1 bereits geschildert, die Summe aller unerlösten Schatteninhalte in sich trägt, kann er an diesem Punkt symbolisch zum Ausdruck kommen.

DER TEUFEL UND DIE KINDER

Die Arbeit mit den inneren Bildern meiner Klienten führt bei der Suche nach dem Ursprung unseres Machtstrebens regelmäßig zu der Erfahrung eines geheimnisvollen Vertrags. Die Klientin wählt dagegen in den folgenden Bildsequenzen in erster Abwehr die Rolle des Teufels selbst mit dem Versuch, diesem Vertrag zu entgehen. Im Grunde handelt es sich hier erneut um die Angst, sich auf die polare Welt einzulassen. Dies drückt sich durch die immer wieder praktizierte Trennung von Verstand und Gefühl aus, die im Leben der Klientin am deutlichsten im Bereich der Sexualität zu erkennen war. In den inneren Bildern zeigte sich dies sehr deutlich in den Versuchen, die Kinder, die hier symbolisch für die Gefühle stehen, aus der Sexualität zu verbannen. Der äußere Rahmen ist dabei beliebig und austauschbar. Ihr Inneres wählte zunächst die Metapher eines Blutbades:

„Ich bin es selbst – der Teufel. Ich sitze vor einem riesengroßen Schwimmbecken voller Blut, in dem nur Frauen, ganz sanft hindurchgleiten. Ich gehe jetzt mit in das Blut hinein. Die Frauen kommen zu mir, sie begehren mich. Das Einzige, was mich stört, sind die Kinder, die ständig vorn zur Tür reinschauen. Es sind Kinder, und die haben hier drin nichts zu suchen. Es findet zwar kein Sex statt, doch es ist schon ziemlich erotisch, im Blut zu baden. Das ist eine Sache zwischen mir und den Frauen, da gehören keine Kinder hin. Ihre Neugier macht mich wütend, und das lenkt mich unwahrscheinlich ab."

Hier ist die klare Trennung von Verstand und Gefühl erkennbar. Sex auf der Körperebene darf nach ihrer Vorstellung sein, doch bitte ohne Gefühl, zumindest ohne Liebe. Bevor Liebe entsteht, erzeugt die Klientin lieber ein Gefühl von Wut in sich, welches uns im

Leben zu so manch einer törichten Handlung verleitet. Dies wird in folgender Bildsequenz deutlich:

„Jetzt geht eine der Frauen raus, macht die Tür ganz auf und holt damit die Kinder rein, aber das will ich nicht. Ich gehe aus dem Blutbad raus und setze mich hoch an den Rand, nehme meinen Dreizack und versiegele das Blutbad. Es wird alles schwarz. Sie ersticken da unten drin. Ich sehe noch, wie sie mich flehend anschauen, doch ich ziehe irgendeine Schicht darüber. Jetzt sind alle tot da drin, die Frauen, die Kinder, alle. Ich konnte noch mit ansehen, wie sie sterben. Doch jetzt bin ich alleine."

Spätestens an diesem Punkt wird klar, dass die ständige Trennung und damit die Ablehnung der Verbindung von Verstand und Gefühl so nicht funktioniert, weder im Leben noch im Kommunikationsversuch mit der inneren Stimme. Daher wird es nochmals neu probiert, um die eigene Wut in Zeitlupe zu spüren und so ein Gefühl dafür zu bekommen, um was es hier wirklich geht. Damit lässt sich gleichsam die Projektion und Ablehnung innerhalb der Polarität auflösen:

„Jetzt ist es ein Gefühl, als ob auf einmal alle meine eigenen Kinder sind. Ich winke sie selbst zu mir. Sie ziehen ihre Sachen aus und lassen sich vom Blut mittragen. Die Erotik mit den Frauen hat aufgehört.

Wir lassen uns einfach nur treiben. Es ist jetzt mehr wie ein Spiel, wie eine große Familie, kein Spiel mehr zwischen Mann und Frau. Ich gehe wieder aus dem Blutbad raus, diesmal jedoch mit dem Gefühl, nicht mehr dazuzugehören. Es ist doch eher die Sache der Frauen, mit den Kindern zu spielen. Ich möchte jetzt lieber rausgehen. Mir hat das Erotische mit den Frauen im Blutbad gefallen. Das war für mich prickelnd. Das mit den Kindern ist zwar schön, aber auch langweilig. Das ist jetzt nicht meins."

An Blümchensex findet der Teufel offensichtlich wenig Gefallen. So spürt auch die Klientin sich im Leben nur bei Sexspielen mit Bezahlung, ein Ausdruck von Dominanz und Hingabe im sexuellen Bereich. Der Kernpunkt dabei ist, dass ihr nicht bewusst ist, welche Kraft für sie dahintersteht, und somit lässt sie in solchen Momenten ihre Gefühle außen vor. Nur vergisst sie dabei den Gegenpol von Sexualität mit Gefühl, den trennt sie aus Angst, sich darin zu verlieren und letztendlich keine Kontrolle mehr zu haben, ab. Dies kommt auch in ihren inneren Bildern immer wieder zum Ausdruck.

DAS GETEILTE LAND

In der nächsten Sequenz geht die Klientin erneut aus der Situation heraus, mit dem Vorwand, einen Geschäftstermin zu haben:

„Ich gehe ganz raus, da ich noch Geschäftstermine mit Männern habe. Dafür verwandle ich mich. Es geht um viel Geld, den Kauf alter Fabrikgebäude. Sie stehen auf einem Gelände, wo Öl und Gold darunter liegen. Ich unterschreibe den Vertrag und hole ein Säckchen mit Goldtalern raus, was sie erstaunen lässt. Ich schütte diese auf die Pläne und denke nur, ihr wisst gar nicht, was ihr hergegeben habt. Alte Mauern kann man einreißen, aber den Schatz, den Wert des Bodens verstehen sie noch nicht. Ich teile dieses Land. Einen Teil nehme ich, um nach Öl zu bohren, wegen dem Profit. Das andere Stück Land ist zum Leben. Ich ziehe eine richtige Grenze. Auf diesem Teil baue ich für meine vielen Kinder eine richtige Erlebniswelt mit Spielplatz und allem Drumherum und lasse ihn ordentlich bepflanzen. Der eine Teil gehört also zu meinen Kindern und den Frauen und den anderen Teil brauche ich, um richtig Geld zu verdienen."

Erneut wird getrennt! Das können Sie ähnlich verstehen wie in früheren Bildsequenzen, die verdeutlichten, dass nur ein innerer Anteil gelebt wird. Der Klientin kommt in Verbindung mit ihrer inneren Stimme jetzt die Frage: „Wo ist jetzt eigentlich mein Teil?" Gemeint ist: Wo ist die Klientin in ihrer Gesamtheit?

„Die Frage, welche ich mir dabei stelle, ist, wo ist jetzt eigentlich mein Teil? Auf der rechten Seite wird nur gearbeitet. Da stehen Bohrtürme, mit denen man Öl gewinnt. Und links sind die Frauen mit den Kindern. Gehe ich aber ins Schwimmbad

zurück, bin ich auch allein, denn die Frauen spielen jetzt mit den Kindern draußen. Wo bitte ist mein Bereich? Ich habe die Grenzen sehr eng gesetzt, da ich genau in der Mitte einen Strich gezogen habe. Hier stehe ich mal wieder an dem Grundproblem meiner zwei Extreme. Wie bitte löse ich dieses Problem, gefangen zu sein in meiner Welt des Entweder-oder-Denkens?"

Die Lösung liegt in der Aufgabe, ein Sowohl-als-auch anzuwenden. Es geht im Grunde nur um die Frequenz, mit der sie zwischen den beiden Polen hin und her pendelt. Doch auf die Weise möchte sie am liebsten ihre Gefühle kontrollieren, so dass diese möglichst nur dann auftauchen, wenn es ihr recht ist. Aber Gefühle lassen sich nicht kontrollieren. Das wird auch die Klientin noch merken. Hier eine Eintragung aus ihrem Therapietagebuch:

Obwohl es sich im ersten Moment wieder verhauen anfühlte, wird mir hier eines meiner Grundthemen seit der Jugend klar. Der wohl am meisten getrennte Bereich, die Sexualität, unterliegt meiner stärksten Wertung. Damit entziehe ich mir selbst jede Lebenskraft und lasse mich ausbluten, wie gestern in der Sitzung. Die gedankliche Trennung in mir, jetzt bin ich Mutter, ordentlich, brav und verheiratet, darf sich endlich auflösen, und zwar mit aller Konsequenz. Mein Inneres sorgt mit den mir gezeigten Bildern jedenfalls dafür. Dieser kastrierte Teufel grenzt ja schon an Peinlichkeit. Genau an diesem Punkt habe ich mein Leben gnadenlos durchtrennt. Ich mochte es früher gar nicht, wenn ich als Schlampe bezeichnet wurde. Doch sprechen meine Bilder genau an der Stelle ihre eigene Sprache. Meine Sexualität habe ich in die Verdammnis geschickt mit dem Wertungsmuster, jetzt brav zu sein und alles, was es früher gab, nicht mehr zu tun. Mal wieder ist es meine einzige Chance, ein Sowohl-als-auch zuzulassen. Wenn es sonst weiter nichts ist.

Letztendlich dreht sich die Klientin hier im Kreis und kommt immer wieder auf die Trennung verschiedener Bereiche zurück. Parallel dazu sieht sie sich selbst als einen Musterfall für „Wertungen" in unserem Leben und die daraus entstehenden Lebensumstände. Wertungen haben verschiedene Ursprünge, doch meist entstehen sie durch eigene Erfahrungen, durch das Gelernte aus der Umwelt oder auch aufgrund gesellschaftlicher Ideale. Die Wertungen der Klientin sind im sexuellen Bereich besonders stark, wo eine Grundangst vor der Tiefe der eigenen Gefühle und dem eigenen starken Triebausdruck vorliegt.

Zur Erinnerung: Die Klientin hatte bereits in sehr frühen Jahren Erfahrungen im sexuellen Bereich gemacht. Angefangen hat es mit einem Missbrauch, daraufhin entwickelte sich eine flatterhafte Sexualität, woraufhin mit 14 Jahren eine Schwangerschaft entstand. Vom Elternhaus wurde sie dafür abgelehnt, was einen Konflikt in ihr hervorrief, welchen sie mit dem Versuch, brav und ordentlich zu sein, zu lösen erhoffte. Dabei geht es nicht um die Schuldverschiebung zum Elternhaus, was völlig gehaltlos wäre und ihr auch gar nichts nützen würde, sondern um das Erkennen, welche ihrer eigenen Aspekte sich in der Situation widerspiegeln.

Auf die Frage hin, was für ein Schmerz es in ihrem Leben gewesen sein könnte, der dazu führte, dass sie Gefühl und Verstand, primär im Bereich der Sexualität, so kategorisch trennt, bekomme ich die Aussage, dass ihr hier viele Situationen einfallen würden. Doch der tiefste Schmerz war für die Klientin die Geburt und die damit verbundene Trennung von der ersten Tochter. Die Entbindung empfand sie selbst als sehr beschämend und völlig erniedrigend für sich. Die Geburt endete in einem Fiasko. Es musste ein Notkaiserschnitt durchgeführt werden, und ihre Tochter kam auf die Intensivstation. Tiefer betrachtet sind solche Situationen und Erfahrungen Ausdruck des Urschmerzes: die komplette Trennung aus der Einheit oder dem Mutterschoß bei der Geburt.

Der starke Bindungsanteil der Klientin erwächst aus der Vorstellung, wie es im Leben sein könnte. Aber in der Polarität ist es eben nicht so. Wir sind nicht mehr im Mutterschoß, wo die Dinge leicht, locker und harmonisch gehen. Hier kann man froh sein, zu überleben. Sie kann nicht erwarten, dass die Dinge so rund laufen, wie es ihrem Gefühl entsprechen würde. Dort liegt der Schmerz. Durch das Nicht-Wahrhaben- und Akzeptieren-Wollen entsteht dann so ein Frust in ihr, im gesamten materiellen und inneren Körper, dass diese zwei Bereiche „Sexualität" und „Gefühl" gar nicht mehr zusammenkommen, aus Angst, dass der Schmerz noch größer, noch unerträglicher wird.

Die einzige Lösung ist, sich auf das polare Leben und die damit verbundenen Erfahrungswünsche ihrer inneren Stimme einzulassen, und anstatt eine ständige Wertung und Trennung ihrer inneren Anteile vorzunehmen, diese wieder zusammenzuführen. Das ist das, was sich die innere Stimme als übergeordneter Betrachter am meisten wünscht.

Daher wird weiterhin versucht, die eigenen, noch teilweise im Schatten befindlichen Anteile zu integrieren.

DER DEAL MIT DEM TEUFEL

Lassen Sie uns schauen, wie die innere Stimme dies bildlich ausdrückt und dadurch emotional erfahrbar macht:

„Wie fast immer am Anfang fließen bei mir Tränen über Tränen, und ich bekomme kaum ein Wort raus. Ich befinde mich auf einem Riesenschlachtfeld. Ich bin verwundet, meine Hände sind verletzt. Dass ich eine Frau bin, wissen viele nicht, da ich Männersachen trage. Wir haben verloren. Es sind alle tot außer mir. Ich kann nicht aufstehen, habe keine Kraft. Hier stimmt etwas nicht. In mir ist nur Wut, dass wir verloren haben, und ich kenne nur einen, der mir hier helfen kann. Ich rufe ihn, den Teufel.

Er kommt auch in seiner Urgestalt, rot-schwarz mit Dreizack in der Hand. Er steht neben mir und sagt nur: ‚Ich wusste, dass du mich doch noch rufst.' Jetzt will ich die Macht. Vornweg wollte ich sie nicht. Er hat sie mir schon einmal angeboten, doch da bin ich das Geschäft nicht eingegangen. Jetzt brauche ich ihn. Ich will, dass er mir hilft, wieder zu mir und zu Kräften zu kommen, damit ich wieder aufstehen kann mit dem Schwert in der Hand. Mit dieser Kraft und Macht weiß ich, dass ich die anderen alle umbringen werde. Der Teufel lacht nur, weil ich den Deal schon einmal abgelehnt habe, als er mir ihn vorgeschlagen hat, denn dann würde ich jetzt nicht dort liegen."

Das, was hier durch die innere Stimme sehr polarisierend ausgedrückt wird, heißt übersetzt, bereit zu sein, sich auf das Leben mit all seinen Konsequenzen einzulassen, und dazu gehört letztendlich auch die dunkle Hälfte im Leben. Die entscheidende Frage dabei ist doch: Wie gehe ich mit ihr um? Doch zuvor wird wie bei jedem Geschäft erst geklärt, was der andere (in diesem Fall der Teufel) dafür haben möchte:

„Er will als Gegenleistung meine Wärme, meine Seele und damit mein Herz. Jetzt ist es mir egal, der Sieg ist mir wichtiger. Ich musste die Niederlage erst erleben, um es zu wollen. Er drückt mir mein Schwert in die Hand, denn meine Hände funktionieren wieder. Als er geht, sagt er mir nur, dass er später noch mal kommen will."

Das ist genau das, was in unserer Vorstellung passiert, wenn wir einen Deal mit dem Teufel eingegangen sind: dass wir keine Liebe mehr empfinden können, denn das Herz wird ja als Gegenleistung abgegeben. Dabei ist doch hier die wichtigste Frage: Wieso will er eigentlich von uns Wärme, unsere Seele und damit das Herz? Gerade wo doch der dunklen Hälfte eher Kälte und Macht zugesprochen wird?

Doch das nächste Bild der inneren Stimme zeigt, wie die Klientin jetzt mit ihrer zurückgewonnenen Kraft umgeht. Ihr Herz hat sie ja noch nicht abgegeben:

„Ich stehe auf und gehe über dieses Schlachtfeld. Oh Gott, sie sind alle tot, Frauen, Männer, ein Riesenschlachtfeld, ähnlich dem Blutbad von gestern. Es gibt noch einen Mann, der auch dort liegt

und bei dem ich spüre, dass er noch lebt. Ich reiche ihm die Hand und bitte ihn, aufzustehen. Er ist der Anführer befreundeter Truppen. Wir haben von verschiedenen Seiten angegriffen. Zwischen uns flammt etwas auf. Zu dem Mann und mir besteht eine Verbindung, wir hatten einmal ein Liebesverhältnis. Er ist noch völlig benommen, und ich sage: ‚Komm steh auf, wir haben alle Kraft und Macht. Wir können sie einfach umbringen, sie einfach vernichten.' Wir ziehen zusammen los. In der Ferne steht ein Schloss, in dem die Gegner ihren Sieg feiern. Ich kann von weitem die Soldaten hören, wie sie in ihren Kettenhemden saufen. Die Soldaten haben keine Chance. Es geht alles so schnell. Ich spüre eine Wahnsinnskraft in mir, und so ist es mir scheißegal, wie meine Wut alles vernichtet. Die Soldaten interessieren mich einfach nicht. Der Mann neben mir bringt den König um, aber die Königin hat ein Kind auf dem Schoß. Als sie mich reinkommen sieht, gebe ich ihr die Chance, wegzulaufen, und sie flüchtet mit dem Kind. Das kann ich zulassen."

Im ersten Versuch wird die Macht erneut auf einer unteren oder auch verdichteten Schwingungsebene eingesetzt, indem alle aus dem Weg geräumt werden. Hier wirkt sich die Wut vernichtend aus, wie eine gnadenlose verbale oder auch körperlich gewaltvolle Reaktion auf einen Trigger. Die Grundenergie von Wut bzw. Aggression steckt ja in jedem von uns. In ihrer unerlösten Form, wie sie sich hier zeigt, lehnen wir sie aber eher ab und vermeiden sie. Sie kommt daher häufig in ihrer gegenpolaren Form zum Vorschein, der Depression. Doch dazu neigt die Klientin in ihrer Innenwelt nicht. Die innere Stimme bringt aber erste Zweifel am gewaltvollen Vorgehen zum Ausdruck, worin sich gleichzeitig auch die verletzliche Gefühlsstruktur der Klientin offenbart:

„Es ist eigenartig, bis jetzt bin ich eiskalt da durchgegangen, es war mir scheißegal, ich wollte nur noch gewinnen. Auch der König, der auf dem Thron saß, war mir egal, aber nicht so die Frau mit dem Kind. Sie spricht etwas an in mir. Sie muss zwar weg, braucht aber nicht zu sterben. Die Einzigen, die wir am Leben gelassen haben, sind die Bediensteten.

Nachdem die eigene Macht wieder vorhanden scheint, macht die innere Stimme sofort darauf aufmerksam, dass es noch einen Vertrag zu erfüllen gibt:

„In mir spüre ich eine tiefe Unruhe, da ich weiß, dass ich noch einen Vertrag zu erfüllen habe. Ich muss ihn einlösen. Er wird bald kommen, und ich habe ja jetzt alles, denn die, die uns das angetan haben, sind alle tot. Ich habe den Platz eingenommen mit meinem König, das Land gehört uns, und wir haben Bedienstete.

In mir ist jede Menge Wärme, doch diese zusammen mit meinem Herz will der Teufel, so ist die Vereinbarung. Dem König habe ich nichts davon gesagt, er weiß es nicht. Er ist stolz auf mich und glücklich. Er liebt mich."

Das ist eine klassische Situation, wie sie sowohl im Inneren als auch im Äußeren im Leben immer wieder stattfindet: Keine Kommunikation! Weder mit den eigenen inneren Anteilen noch mit dem Partner. Wie hinter einer Maske verheimlicht die Klientin ihrem Partner die Vereinbarung.

DAS HERZ AUS STEIN

Die Klientin empfindet nun nicht mehr nur Wärme, sondern gleichzeitig auch Angst, und zwar aufgrund der Vorstellung, dass sie durch das Einlösen des Vertrages ihr Herz verlieren wird, wie es in der nächsten Sequenz zum Ausdruck kommt:

„Ich gehe aus dem Thronsaal in einen anderen Raum und warte dort auf den Teufel. Es dauert nicht lange, bis er kommt. Er will seinen Vertrag eingelöst haben und lacht mich an. ‚Das könnte dir jetzt so gefallen, wie es ist, doch so nicht.' Ohne dass ich mich wehren kann, greift er in meine Brust

und sagt dabei, dass ich nicht körperlich sterben werde. Es ist wie ein Austausch. Jetzt habe ich etwas Kaltes an der Stelle, wo vorher mein Herz war. Danach setze ich mich wieder auf meinen Thron, aber irgendwie verändere ich mich. Der König schaut mich an und fragt, was mit mir los ist. Er spürt meine Veränderung, kann aber nichts damit anfangen, denn ich sage ihm nichts."

Ins Leben übersetzt geschieht genau dies aufgrund von Vorstellungen und Bewertungen: Rein theoretisch hat sich gar nichts verändert, doch die Klientin glaubt ab jetzt, keine Gefühle mehr zulassen zu dürfen, denn diese sind ihr ja genommen wurden. Ungefähr so, wie wenn behauptet wird, man hätte in der Kindheit zu wenig Zuwendung erfahren und daher sei der Umgang mit Gefühlen erschwert. Dies ist ein Trugschluss, denn das Herz ist und bleibt in jedem von uns. Es zu verschließen ist die eigene Entscheidung! Bitte machen Sie sich das bewusst.

Sehen wir, wie es jetzt weitergeht mit der Vorstellung, ein Herz aus Stein zu haben:

„Die Bediensteten wollen uns etwas zu essen bringen, doch ich habe nur zu meckern und mache sie alle nur noch klein. Der König nervt mich mit seinem Liebesgesäusel. Was will er überhaupt von mir?

Seine nette Art zu den Bediensteten nervt mich ebenfalls, und so fange ich an, einige von ihnen willkürlich einsperren zu lassen. Er kann es zwar nicht verstehen, macht aber auch nichts dagegen. Ich fühle mich viel größer und mächtiger. Er dagegen erscheint mir total klein neben mir. Eines Tages schicke ich ihn weg. Er wehrt sich gegen nichts, gar nichts. Er hätte ja auch ein wenig kämpfen können. Stattdessen schaut er mich nur wie ein hilfloses Etwas an. Warum kann er nicht einfach mit seinem Schwert mit mir kämpfen wie ein Mann? Er macht es nicht. Im Gegenteil, mit hängenden Schultern geht er raus, was mich noch wütender macht."

Aufgrund der Vorstellung, kein Herz mehr zu haben, fängt sie nur noch an zu meckern.

Kennen Sie das? Hat sich in Ihrem Leben schon einmal etwas geändert, wenn Sie herumgemeckert haben? Wohl eher nicht, denn diese Energie hat eine destruktive Wirkung und damit einen trennenden Charakter.

An einem Beispiel verdeutlicht: Sie wünschen sich, dass Ihr Partner abends früher nach Hause kommt. Doch durch die langen Dienste oder privaten Hobbys geschieht das nur sehr selten, und dies fängt an, Sie zu stören. Hier haben Sie jetzt zwei Möglichkeiten: Entweder Sie vergessen (ähnlich der Klientin), dass Sie ein Herz haben und fangen an, destruktiv zu meckern und zu kritisieren, womit Sie höchstens eine noch größere Distanz und Trennung erreichen. Oder Sie erinnern sich wieder an Ihr Herz, verbinden sich damit, und anstatt zu meckern, wenn Ihr Partner kommt, begrüßen Sie ihn liebevoll und freudig. Das ist genau das, was Sie und letztendlich auch Ihr Partner sich wünschen.

DIE VEREINIGUNG MIT DEM TEUFEL

Solange wir auf ein destruktives Verhalten eingestellt sind, wird sich letztendlich nichts verändern, ähnlich wie bei der Klientin. Dieser Umgang mit anderen trennt uns auch immer mehr von uns selbst. So haben wir ja bereits gehört, dass vor allem Stress uns von der inneren Stimme trennt. Für die Klientin kommt nun eine Wende:

„Jetzt gibt es niemanden mehr in meiner Umgebung, der mit mir kämpfen könnte, der es sich überhaupt getraut. Einen kenne ich noch, denn der Einzige, der jetzt die gleiche Kraft und Macht hat wie ich, wäre doch der Teufel. Irgendetwas muss ich ja machen. Es ist total langweilig. Er kommt auch sogleich mit seiner verschlagenen Art, seinem Dreizack in der Hand, und ich stelle mich ihm mit meinem Schwert entgegen. Ich schmunzle und freue mich auf den Kampf. Es geht nicht ums Töten, sondern es ist ein Kampf, in dem ich mich auspowern kann in meiner Wut, wenn er mit seinem Dreizack dagegenhält. Er ist mein einzi-

ger Verbündeter – einer, der mich versteht, mit mir kämpft, einfach alles. Er widersetzt sich mir auch. Es ist aber spielerisch, und er nimmt mich so wahr, wie ich bin. Er hat etwas von mir, und ich etwas von ihm. Wir wollen uns nicht gegenseitig umbringen, das würde nur Alleinsein bedeuten."

Da der Teufel symbolisch für alle ungelösten Aspekte im Leben steht, geht die Klientin an dieser Stelle den entscheidenden Schritt: Sie verbindet sich mit ihm. Hier erlebte ich wahrlich schon eine Vielzahl an individuellen Varianten. An diesem Punkt ist alles möglich, bis hin zur totalen Ablehnung.

Die Frage ist nun: Wo lenkt die Klientin ihre erneuerte Kraft jetzt aufgrund der Verbindung mit dem Gegenpol hin? Anfangs wandte sie ihre Kraft ins Zerstörerische auf eine niedrigere Schwingungsebene. Doch rufen wir uns in Erinnerung, dass der wohl größte abgespaltene Anteil die Sexualität bei ihr darstellt. Damit liegt die Hinlenkung in diesen Bereich, auf eine andere Schwingungsebene, recht nah:

„Ich biete ihm (dem Teufel) sogar den Platz auf dem Thron neben mir an. Er setzt sich kurz mit hin und sagt, dass er nicht nur ein Königreich regieren kann, sondern die ganze Welt. Ich soll es alleine regieren, und es entsteht ein Liebesverhältnis zwischen uns. Nicht in der Art, dass er bei mir bleibt, sondern er kommt und geht einfach. Unser Sex ist sehr leidenschaftlich. Seine Dominanz fasziniert

mich, und trotzdem spüre ich meine Kraft. Es macht mich unwahrscheinlich an, weil er mich einfach in die Enge drückt und mich nicht umbringt dabei. Sein Schwanz in mir ist eine einzige Explosion, und dies ohne Angst, dabei sterben zu können. Ich kann mich ihm völlig hingeben und aufmachen. Dabei empfinde ich es als die ultimative Freiheit, wenn ich zulasse, dass er mich einklemmt, ohne dass ich körperlich ausbrechen kann. Mit einem explosionsartigen Orgasmus sprenge ich mich innerlich frei. Das ist die Befreiung, die sich unbeschreiblich gut anfühlt. Völlig verausgabt herrscht danach erst einmal Schweigen."

Die Kraft äußert sich in einer gelebten Sexualität von Dominanz und Hingabe. Dabei geht es hier aber noch um den viel tieferen Sinn, darin alle polaren Anteile von Freiheit und Bindung, Triebhaftigkeit und Gefühl miteinander zu vereinen – und das zusammen mit dem Teufel als Vorstellung des „Bösen" schlechthin. Es handelt sich also um die Auflösung und Vereinigung von Licht und Schatten durch Sexualität.

Schauen wir noch, wie die Klientin am Ende mit ihrem Teufel verbleibt. Sie stellte sich ja zu Beginn ihrer Therapie die Frage, ob sie sich von ihrem Mann trennen soll. Die Bildsequenzen lassen darauf schließen, dass ihr ein klassisches Ehemodell wohl eher weniger liegt. Das, was sie im Weiteren mit ihrem Teufel bespricht, könnte sie letztendlich auch im Leben innerhalb ihrer Beziehung umsetzen:

„Mein Gefühl dem Teufel gegenüber ist ein Verliebtsein. Ich kann ihn haben, wann ich will. Er lässt mir aber auch meinen Raum, den ich brauche. Dann geht er einfach. Ich sage es ihm: ‚Ich finde es toll, dass du da bist, wenn ich dich brauche, aber auch einfach gehst, wenn ich für mich sein möchte. Es versetzt mir aber einen richtigen Kick, wenn ich dich danach wieder zurückhaben will. Ich genieße es, wenn du bei mir bist und wir uns lieben, wenn du mich einengst und mir damit das Gefühl von Freiheit vermittelst. Dass du mich dominierst und auch nicht dominierst. Dass ich meine Kraft in mir spüren kann, wenn du mich einklemmst. Das alles liebe ich an dir!' Wie immer lächelt er dabei nur auf seine verschlagene Art."

Dazu schreibt die Klientin in ihrem Therapietagebuch:

Na endlich, es geht doch.

Wie kommt es, dass ich verliebt bin, obwohl ich gar kein Herz mehr habe? Was macht er mit meinem Herz? Ich habe mein Herz nur scheinbar an ihn abgegeben. Doch wenn ich mich mit ihm auf die sexuelle Art verbinde und verliebt bin, dann nehme ich ja teil an ihm. Letztendlich habe ich mein Herz gar nicht weggegeben. Es ist zwar verpfändet, aber nicht weg von mir, nur stillgelegt in meiner Vorstellung, und zwar in dem Maße, bis ich die nächste Ebene, die nächste Stufe, nämlich Sexualität, erreiche. Indem

> ich mit ihm schlafe, mich mit ihm verbinde, mich in ihn verliebe, habe ich das getan, worum es im Endeffekt geht. Das heißt also, sich im Ganzen nicht nur mit Gott, sondern auch mit dem Teufel zu verbinden. Vom Verstand her wurde es mir schon in letzter Zeit immer klarer, doch jetzt sollte es erlebend fühlbar werden.

Das war wohl der wichtigste Schritt für die Klientin: Die Umarmung und Annahme ihrer Schatteninhalte.

Erst wenn wir die Erfahrung machen, dass sich hinter den am bedrohlichsten empfundenen Schattenfiguren auch nur Anteile von uns selbst verbergen, erst dann ist der Weg frei für eine mögliche Verwandlung des Schattens in der Innen- wie in der Außenwelt.

Die Inhalte des Schattens können Sie letztendlich nicht loswerden, doch Sie können lernen, sie nicht länger zu bekämpfen, sondern sie wieder anzunehmen und zu integrieren.

Der Schatten in der Verkörperung des Teufels sehnt sich letzten Endes nur nach reiner, geschenkter Liebe. Das ist der einzige Grund, warum im Austausch auf der materiellen Ebene nur das Herz in Frage kommt. Im Idealfall kommt sogar der Tag, an dem Sie alle Ihre inneren Anteile lieben. Das ist mit der Aussage „sein Leben durchlieben“ in der tieferen Essenz der inneren Stimme zu verstehen. Dies ist ein Meilenstein auf dem Weg der Erkenntnis und der Liebe.

DAS LEBEN DANACH

Doch wie soll es in Zukunft weitergehen? Glauben Sie, jetzt künftig mit Ihrem neuen Bewusstsein all das tun zu dürfen, worauf Sie aus Gründen der Moral bisher verzichtet haben?

Denken Sie darüber nach und machen Sie sich, wenn Sie möchten, dazu ein paar Notizen.

Notizen:

....

....

....

....

....

....

....

....

....

....

An dieser Stelle könnte man natürlich einwenden, dass ja der Verzicht aus Gründen der Moral auch ein Wunsch der inneren Stimme sein kann. Natürlich ist dies möglich, und Sie können es erkennen, ob es so ist. Erinnern Sie sich an die Worte der inneren Stimme in Kapitel 1.1. Befindet sich Ihr Leben in tiefer bewusster Freude?

Sollte dies nicht der Fall sein, dann versuchen Sie, nicht mehr aus Gründen der Moral vor sich selbst zu flüchten und diese als Illusion zu erkennen.

Mir ist es ein Anliegen, den Menschen zu helfen, die Hintergründe ihrer Lebenskrise zu verstehen, Schmerzen zu lindern und sich letztendlich zu lieben. Doch nun kommt der Punkt, wo meine Mittel als Therapeutin zwangsläufig begrenzt sind. Hier entscheidet allein Ihr Inneres, welchen Entwicklungsschritt Sie als Nächstes tun, um die aktuell drängenden Schattenanteile zu erlösen. Das Ganze ist keine Prüfung, die Sie mir oder irgendjemand anderem gegenüber ablegen und irgendwie bestehen können. Einzig Ihr Gefühl und nichts anderes kann als Gradmesser für eine Bewusstwerdung und Annahme innerer Anteile angesehen werden.

Dabei kennt das Gefühl nach „oben“ keinerlei Beschränkung für aufkommende Freude und Liebe und ist nach „unten“ nur durch die Tiefe der selbst gewählten „Hölle“ begrenzt. An diesem Punkt kann es dann schon vorkommen, dass die Symptome, das Beziehungsproblem, die Karriereschwierigkeiten oder die Migräne, die jahrelang Ihr ganzes Leben bestimmt haben, plötzlich unwichtig sind. Vielmehr werden Sie sich fragen: Wie geht es denn jetzt nach diesen Erkenntnissen in meinem Leben weiter? Und bestimmt möchten Sie auch wissen, wie das echte Leben der Klientin weiterging.

Dazu noch ein weiterer Auszug aus dem Therapietagebuch:

> *Heute war nun mein letzter Therapietag, und das bin ich also, mit meinen Macken, meinem Chaos und meinen Potentialen, ohne Schminke, ohne Maske oder sonst etwas Aufgesetztem wie früher in meinem Leben. All diese Facetten von mir selbst wahrnehmen und fühlen zu*

dürfen, ist ein Geschenk. Jetzt heißt es, Pläne zu machen und weiter nach vorn zu gehen. Mein Freiheitsprinzip wird mich hier unterstützen, dass ich nicht ertrinke. Zum Glück habe ich ja alles aufgenommen. Sollte ich einmal ins Straucheln kommen, dann höre ich es mir an, und wenn es hundertmal sein muss. Mit Kraft und Mut verlasse ich die Therapie. Natürlich ist mir klar, dass es nicht immer ein Sonntagsspaziergang sein wird. Meine Bilder sprechen Bände dafür. Doch so ist es mein Leben, welches es hier in unserer polaren Welt zu leben gilt. Die Trennung von meinem Mann wird wohl die größte Herausforderung sein. Letztendlich für jeden von uns in seiner eigenen Form. Am meisten beschäftigen mich dabei meine Kinder, doch sie werden es eines Tages verstehen. Da bin ich mir sicher, ganz sicher.

Für die Klientin hieß das, Entscheidungen zu treffen und diese entsprechend ihres inneren Kerns umzusetzen.

Da sie nicht am Therapieort wohnte, vereinbarte ich mit ihr, dass sie sich gern online oder telefonisch melden könnte, sobald sie das Gefühl habe, ins Straucheln zu kommen. Doch es blieb still.

Erst zwei Jahre später kam ein langer Brief von ihr. Sie teilte mir mit, dass sie sich inzwischen von ihrem Mann getrennt und eine Ausbildung im sozialen Bereich angefangen habe. Sie sei zudem mit ihren beiden Töchtern in eine andere Stadt gezogen. Der Umzug sei notwendig gewesen, da sie sich und ihre Kinder aufgrund der geschäftlichen Belange ihres Mannes schützen wollte, und er gab ihr gleichzeitig die Kraft für einen kompletten Neuanfang im Leben. In diesem Moment schloss sich eine Tür, doch es öffneten sich dafür viele neue Türen.

Ihre Kraft und Stärke wuchs von Monat zu Monat. Den Bereich der Sexualität entdeckte sie auf eine ganz neue und vor allem bewusste Art. Hier fing sie an, auch über den Tellerrand hinauszuschauen. Ihrem triebhaften Anteil schenkte sie Nahrung, indem sie hin und wieder nachts, wenn ihre Kinder schliefen, „heimlich" zum Tanzen oder zu einem Mann fuhr.

Im partnerschaftlichen Bereich, sei sie noch nicht ganz angekommen. Hier schenkte ihr das Leben zwar jede Menge Erfahrungen, doch ihr freiheitsliebender Anteil rebellierte hin und wieder, und so sei ihr der Mann noch nicht begegnet, bei dem sie sich vollständig in ihrem Kern angenommen fühlt und den sie gleichzeitig genauso annehmen kann. In diesem Bereich falle es ihr noch schwer, die zwei Pole zu vereinen.

Das Thema der Verbindlichkeit im Kontext von Beziehung lebe sie mehr in ihrer Berufung im sozialen Bereich aus. Tief im Inneren spüre sie jedoch, dass es einen weiteren

Lebenspartner geben wird. Hier heißt es, der inneren Stimme weiterhin zu vertrauen.

Ab dem Moment, als sie verstand, dass es darum geht, alle inneren Anteile zu sich zurückzuholen und alles zu lieben, egal was es ist, entstand ein ganz neuer Bezug zum Leben und damit zu ihr selbst.

So wie es dieser Klientin geht, fühlen sich wohl einige am Ende ihrer (ersten) Entdeckung und bewussten Begegnung mit ihrer inneren Stimme. Es wäre illusorisch zu glauben, dass das Leben sich von nun an immer leicht und einfach anfühlt. Doch eines ist ganz sicher:

Eine regelmäßige Kommunikation mit Ihrer inneren Stimme zeigt Ihnen den Weg zu sich selbst – und das Tag für Tag.

KAPITEL **5**

DER INNEREN STIMME FOLGEN

Da wir wieder in Verbindung mit uns selbst sind, kommen wir jetzt zum dritten Hauptschritt: der inneren Stimme folgen. Johann Wolfgang von Goethe formulierte es einmal so:

„*Es ist nicht genug zu wissen, man muss auch anwenden. Es ist nicht genug zu wollen, man muss auch tun.*“[16]

Dazu kann ich Sie nur ermutigen. In dem Moment, wo Sie die Entscheidung getroffen haben, den Zugang zu Ihrer inneren Stimme wieder freizuschaufeln, und damit beginnen, wird sich bereits einiges in Ihrem Leben verändern. Vielleicht haben Sie auch bereits durch das Lesen der Fallbeispiele ein Gefühl, in welche Richtung es für Sie geht und wo es einer Änderung bzw. eines Ausgleichs in Ihrem Leben bedarf. Dies kann verschiedene Lebensbereiche betreffen, wie in Kapitel 4 dargestellt. So kann es für Sie jetzt gerade wichtig sein, Ihre Sexualität zu leben, sich im beruflichen Bereich neu auszurichten, ihre Ernährung zu ändern oder Ihr eigenes Beziehungsmodell in Frage zu stellen und die Konsequenzen daraus zu ziehen.

Zur Unterstützung eignet sich ein kleiner Trick, den Sie sicher von der Werbung kennen: Durch ständige Wiederholungen geht eine Botschaft in unser bildhaftes Denken ein. Diesen Trick können Sie für sich selbst auf ganz einfache Art nutzbar machen. Sobald Sie von Ihrer inneren Stimme wissen, welcher Veränderung es in Ihrem Leben bedarf, schreiben Sie dies auf einen Notizzettel.

Diese Notiz sollten Sie möglichst so gestalten, dass Sie gern hinschauen. Ein lieblos platzierter Zettel, der eher zum Erledigen mahnt, wird kein Gefühl von Freude in Ihnen erzeugen. Hier ist Ihre Kreativität gefragt. Platzieren Sie diese Notiz (gern auch mehrfach) an verschiedenen Orten, wo Sie häufiger hinschauen. Das kann der Badspiegel, Schreibtisch oder auch das Portemonnaie sein. Das Wichtigste dabei ist, dass die kreativ gestaltete Notiz für Sie in Verbindung mit einem angenehmen Gefühl steht.

Lernen Sie, Ihre innere Stimme ernst zu nehmen und aus den eigenen Vorstellungen, Bewertungen und Begrenzungen herauszutreten. Die Kommunikation mit Ihrem Inneren ist nicht nur in Ihrer gerade bestehenden Situation von Vorteil, sondern dient in ihrem gesamten Leben als Wegweiser. Das ist das eigentliche Geschenk!

5.1 Der Weg zu sich selbst

Ihre verdrängten inneren Anteile, die sich in den verschiedenen Lebensbereichen melden können, wünschen sich nichts sehnlicher als ihre Integration. Dies gibt die Gewissheit, nicht mehr länger der böse Mensch zu sein, der sich durch seine Sündhaftigkeit zu verantworten hat, sondern Teil eines großen Ganzen. Das Ganze umfasst aber auch die dunkle Hälfte der Welt. Auch sie gehört somit zu jedem von uns.

Sie können sich dies wie ein Schachspiel vorstellen. Erst mit allen 32 Figuren – schwarzen und weißen – wird es ein vollständiges Spiel. Nur mit unseren dunklen Anteilen von Gier, Triebhaftigkeit, Machthunger, Engstirnigkeit oder was auch immer sind wir ganz. Diese dunkle Seite abzulehnen heißt, einen Teil von sich selbst zu verleugnen.

Einer der wohl am häufigsten abgelehnten Anteile kommt aus dem Bereich der treibenden Kraft. Wir alle tragen das Prinzip in uns, ähnlich wie jeder Mensch die gleichen Organe in sich trägt. Im unerlösten Zustand zeigt sich diese treibende Kraft als Aggression, die sich in Form von Gewalt, egal ob körperlich oder verbal, äußern kann. In diesem Fall wird sie nach außen gerichtet. Gleichzeitig kann sich diese treibende Kraft auch nach innen, gegen sich selbst richten, dann kommt sie als Depression zum Tragen. Die Grundenergie ist dabei immer gleich. Entscheidender ist, diese Kraft in sich anzunehmen und damit von der unteren Schwingungsebene umzulenken. Dann entsteht daraus Handlungs- und Durchsetzungskraft. Es findet somit eine Wandlung statt. Solange diese Kraft jedoch abgelehnt wird, ist dies nicht möglich.

Das Gleiche gilt im Hinblick auf jeden Menschen und die damit verbundenen Situationen, die mit Ihnen in Beziehung stehen. Es handelt sich dabei ja, wie Sie wissen, um Projektionen von inneren Anteilen, die wir an uns selbst ablehnen. Erst wenn Ihnen bewusst wird, dass Sie im äußeren Spiegel durch Ihr Gegenüber die eigenen inneren Themen anziehen, können Sie diese durch Annahme ebenfalls wandeln und somit auflösen. Deshalb ist eine der wesentlichen Fragen im Leben: „Was hat das Ganze mit mir zu tun?“ Und gerade solche Situationen, in denen Sie mit Ihrem Gegenüber in Streit geraten, ermöglichen es Ihnen, sich selbst immer besser zu erkennen. Ob Sie dies mithilfe der eigenen inneren Bilderwelt tun wollen, wie in diesem Buch vorgestellt, entscheiden Sie.

Am Anfang erscheint uns der eigene Berg an Lebensthemen und Symptomen, vor dem wir stehen, oft unüberwindbar. Doch es gibt immer einen Weg zu uns selbst und unserer inneren Stimme. Und so bin ich meinen Klienten dankbar für ihr Vertrauen und den Mut, mir diesen Berg zu zeigen. Ab diesem Punkt heißt es dann „Hausaufgaben" machen, und zwar:

Gehen Sie vorwärts, zurück zu sich selbst.

Das bedeutet, dass Sie ab jetzt bewusst vorwärts laufen im Leben und dabei letztendlich zurück zu sich selbst finden. Auch wenn der Berg Ihnen gerade sehr groß erscheint, es gibt nichts, was Sie nicht schaffen können, solange es auch zu Ihnen gehört. Und das, was zurzeit zu Ihnen gehört, können Sie in der Außenwelt erkennen, wenn Sie nur achtsam und genau wahrnehmen.

Es kann zum Beispiel sein, dass Ihre innere Stimme mit Ihnen durch ein bestimmtes Lied im Radio kommuniziert, das Sie auf einmal sehr häufig hören oder „zufälligerweise" immer dann, wenn sie gerade erst eingeschaltet haben. Oder in Begegnungen mit anderen Menschen fallen mehr oder weniger beiläufig Kommentare, die Sie aufhorchen lassen. Die Bandbreite an möglichen Kommunikationsformen ist schier unerschöpflich, wobei Ihre innere Stimme auch lernt, zu welcher Form Sie eine Affinität besitzen, beispielsweise ob Sie eher ein visueller, audiovisueller oder literarischer Typ sind. Ein derartiges äußeres Ereignis jedweder Art ist immer ein symbolischer Spiegel Ihrer eigenen innerseelischen Situation. Zudem bedient sich die innere Stimme Ihrer Kultur, Einstellungen und Glaubensvorstellungen, damit Sie sie überhaupt verstehen können. Dies gilt es, sich bei der Deutung des Äußeren bewusst zu machen.

Doch auch wenn der Weg zu uns selbst somit anfangs nicht ganz einfach ist, wird er mit jedem Schritt leichter. Also haben Sie den Mut, loszulaufen.

5.2

Die innere Stimme im Alltag

Damit Sie ein Gefühl dafür bekommen, was es ganz praktisch im Alltag heißt, Ihrer inneren Stimme zu folgen, möchte ich Sie an einer für mich sehr berührenden privaten Begebenheit teilhaben lassen:

Vor nunmehr acht Jahren nahm mein älterer Sohn aufgrund eines Stipendiums an einem Opernprojekt teil. Hierbei ging es im Wesentlichen darum, gemeinsam mit anderen Stipendiaten das Stück „Die Konferenz der Tiere" an der Dresdner Oper aufzuführen. Dafür wurde uns Eltern jeweils eine Freikarte zur Verfügung gestellt. Als ich diese in meinem Briefkasten vorfand, war ich jedoch irritiert. Mein Platz war im vierten Rang, in der ersten Reihe. Mein erster Impuls war: Da stimmt etwas nicht, hier gehöre ich nicht hin. Ich folgte meiner inneren Stimme und nahm es an, ohne zu hinterfragen, und ließ mich in dem Moment einfach auf die kommende Erfahrung ein. Die Aufführung sollte Sonntag um 11.00 Uhr stattfinden. Tief in mir spürte ich den Wunsch, ein langes Kleid anzuziehen und den festlichen Anlass einfach nur für mich zu genießen.

Am Eingang erkundigte ich mich, ob es möglich sei, einen anderen Platz zu bekommen. Doch was mir alternativ angeboten wurde, fühlte sich noch unstimmiger an. Also ging ich brav nach oben in den vierten Rang.

Die meisten Eltern um mich herum waren eher leger gekleidet, und ich fühlte mich unter ihnen schon etwas eigenartig. Da ich in der ersten Reihe saß, konnte ich zumindest den Innenraum von oben überschauen. Unten, in der ersten Reihe vor der Bühne, genau mittig entdeckte ich plötzlich einen freien Platz. In diesem Moment spürte ich vollkommen klar, wo ich hingehörte. Ich folgte meiner inneren Stimme und rannte, so schnell ich konnte, nach unten. Der Vorhang war noch geschlossen, und es wurden aber bereits zwei Reden gehalten. Als ich die Tür zum Innenraum erreichte, kam im selben Moment eine fein gekleidete Familie mit zwei Kindern dort an. Da wir zu fünft dort standen, schaute die Frau an der Tür nicht auf meine Karte, und schon war ich drin. Jetzt sah ich allerdings, dass in der ersten Reihe noch zwei weitere Plätze frei waren. Da mir von oben nur der mittige aufgefallen war, folgte ich hier weiter meiner inneren Stimme und setzte mich dorthin. Plötzlich wurde mir bewusst, dass die zwei anderen Plätze für die beiden Redner auf der Bühne waren. Wie peinlich wäre es gewesen, hier eventuell wieder aufstehen zu müssen?

Die Rede war zu Ende, und mein Herz fing vor Aufregung an, zu pochen. Doch die Redner gingen zu den beiden anderen Plätzen, und ich war schlagartig zutiefst berührt von dem Geschenk, dass mir das Leben hier offenbarte. Ich fragte die Frau, die rechts von mir saß, ob es in Ordnung sei, dass ich dort saß, und auch den Mann an meiner linken Seite. Er lächelte und sagte: „Ja gern, meine Begleitung ist heute Morgen erkrankt." Es war einfach nur unglaublich. In meiner Aufregung hatte ich noch nicht einmal mitbekommen, neben wem ich überhaupt saß, und so gab mir die Frau zu meiner Rechten den dezenten Hinweis, dass es sich um eine bekannte Persönlichkeit handelte, deren Namen ich hier nicht nennen will. Jetzt bemerkte ich erst, dass ich mich im VIP-Bereich unter jeglicher Prominenz der Stadt befand. Dies fühlte sich für mich aber ganz vertraut und entspannt an.

In der Pause kam ich ins Gespräch mit meinem Nachbarn, denn ich war ja quasi zum Ersatz für seine Begleitung geworden. Wir philosophierten über dieses gesellschaftskritische Stück, und ich erwähnte meinen Kinderverein. Er selbst sollte im Anschluss beim Empfang eine kurze Rede halten. Neugierig wie ich war, fragte ich ihn, ob er seine Reden selbst schreibt oder sie für ihn geschrieben werden. Für ihn war es selbstverständlich, dass diese vorbereitet wurden, da er gar nicht die Zeit dazu hätte. Auf eine freundliche Art erklärte ich ihm, dass es doch besser wäre, wenn er nicht wie eine Marionette fungierte. Ich konnte in diesem Moment fühlen, dass er innerlich bewegt war.

Da wir Eltern auch auf einen Empfang eingeladen waren, dachte ich zunächst, es würde sich um eben jenen handeln. Dies war allerdings nicht der Fall, denn es gab extra Eintrittskarten für den VIP-Empfang. Obwohl jeder am Einlass darauf kontrolliert wurde, spürte ich erneut eine völlige Ruhe und Verbundenheit in mir. Meiner inneren Stimme weiter folgend, lief ich einfach in einer Selbstverständlichkeit ohne Eintrittskarte in den VIP-Empfangsbereich. Das war ein weiteres berührendes Geschenk an diesem Tag, worauf das nächste gleich im Anschluss folgte: Mein Sitznachbar hielt seine Rede völlig frei, ohne einen vorgegebenen Text. Meine Worte hatten also sofort Wirkung gezeigt. Er selbst war im

Anschluss über diese Erfahrung so berührt, dass er sich bei mir mit den Worten bedankte: „Heute Morgen sah ich es noch als Arbeit an, doch jetzt mit dieser Erfahrung war es ein Geschenk, und ich bin glücklich für den Tag." Ich selbst war ebenfalls ganz erfüllt und berührt von diesem außergewöhnlichen Erlebnis.

Dieses Beispiel zeigt, was es heißt, seiner inneren Stimme zu vertrauen und zu folgen.

Meine Erfahrungen bestätigte mir auch neulich meine wohl älteste Klientin. Sie war früher Medizinerin und drückte es so aus: „Anfangs dachte ich, wer weiß, was das für eine Spinnerei ist, doch heute verstehe ich es und habe gelernt, meiner inneren Stimme zu vertrauen. Ihr zu folgen beschenkt mich immer wieder, und wenn es nur ein kurzer Impuls ist, der mir kommt, bevor ich ins Theater will, mit dem Gedanken: Kehre noch mal um! Es zeigt sich immer, dass dies einen Grund hat, und wenn es die vergessene Eintrittskarte auf dem Küchentisch ist."

Ich könnte ein ganzes Buch mit derartigen Erfahrungsberichten füllen. Die wichtigsten Voraussetzungen für solche positiven Erfahrungen im Alltag sind jedoch, einen guten Zugang zur inneren Stimme zu haben, sie zu verstehen und ihr im Vertrauen auch zu folgen.

5.3

Zusammenfassung der einzelnen Schritte

Die einzelnen Schritte, um in Kontakt mit unserer inneren Stimme zu kommen und schließlich zu uns selbst zu finden, lassen sich wie folgt zusammenfassen:

1. **Schaffen Sie wieder den Zugang zur inneren Stimme**

   Sie schaffen diesen Zugang, indem Sie sich Ihre aktuelle Situation bewusst machen. Beobachten Sie sich eine ganze Weile. Wenn es nicht schon beim Lesen des Buches erfolgt ist, achten Sie darauf, welche Gedanken, Worte, Gefühle und geheimen Wünsche sich Ihnen zeigen. Schreiben Sie alles unzensiert auf, was spontan in Ihnen aufsteigt, egal um welchen Bereich Ihres Lebens es sich handelt. Hören Sie erst auf, wenn es in Ihnen wieder still wird! Im Anschluss prüfen Sie, ob Sie die aufgezählten Aspekte eher negativ oder positiv bewerten, und nehmen Sie dies erst einmal nur zur Kenntnis. Hier können Sie bereits Ihre ersten Widerstände bzw. Ablehnungen erkennen. Denken Sie daran, jeder Ihrer inneren Anteile will nur das Beste für Sie und wünscht sich, gesehen und integriert zu werden. Zur Unterstützung hilft es Ihnen, sich selbst durch mehr Achtsamkeit im Leben zu entschleunigen. Eine tägliche Reinigung und vor allem die Meditation sind weitere wesentliche Elemente. Diese werden Ihnen dabei behilflich sein, die Verbindung zu Ihrem Inneren zu halten und die Sprache Ihrer inneren Stimme, die Ihnen im täglichen Leben begegnet, in ihrer Symbolsprache immer besser zu verstehen. Das ist alles kein Hexenwerk und bedarf auch keiner besonderen Qualifikation. Einzig und allein Ihr inneres „Ja" ist entscheidend!

2. Lernen Sie, Ihre innere Stimme zu verstehen

Stück für Stück werden Sie damit Ihr eigener Beobachter. Das kann durch innere Bilder, Gefühle oder Gedanken geschehen, die aufsteigen, noch bevor eine Frage vom Verstand ausformuliert ist. Denken Sie daran: Ihre innere Stimme spricht für jeden Ihrer inneren Anteile, ohne Bewertungen und Begrenzungen. Innere Bilder, wie sie Sie in verschiedenen Bildsequenzen gesehen haben, sind eine sehr gute Möglichkeit, sich ohne Maske selbst zu begegnen. Dies lässt sich aber nur in erfahrener Begleitung durchführen. Doch allein schon, wenn Sie darauf achten, welche Kontakte und Gedanken bei Ihnen auf Ablehnung stoßen, lernen Sie ungeliebte Anteile von sich selbst kennen. Das Gleiche gilt natürlich auch in umgekehrter Form, also wenn sie keine Ablehnung spüren. Doch seien Sie den bisher abgespaltenen und mitunter tief verletzten inneren Anteilen gegenüber verständnisvoll, ohne dabei erneut die Augen zu verschließen und Ihre innere Stimme zu negieren. Übernehmen Sie innerlich diese Rolle und fühlen Sie die darin liegende Kraft. Auf Wunsch unterstütze ich Sie in diesem Prozess gern.

Machen Sie sich bewusst, wo Sie sich im Leben bisher selbst belogen haben. Gehen Sie immer wieder in einen inneren Dialog mit den Anteilen und fragen Sie sie, was sie brauchen. Berücksichtigen Sie dabei aber die Bedürfnisse und Wünsche aller Ihrer Anteile. Nur so können Sie den unendlich kräftezehrenden inneren Kampf und die innere Zerrissenheit beenden. Lebt zum Beispiel ein sehr stark ausgeprägter Freiheits- und Unabhängigkeitsanteil in Ihnen und parallel dazu ein gleich starker Bindungsanteil, dann schließen Sie einen Kompromiss mit diesen. Beim Thema Beziehung könnten Sie zum Beispiel zur Wahrung Ihrer Unabhängigkeit die innere Vereinbarung treffen, dass Sie finanziell eigenständig bleiben, Ihre eigene Wohnung behalten oder mehrere Tage der Woche für sich allein verbringen, um nur einige Möglichkeiten zu nennen.

3. **Folgen Sie wieder Ihrer inneren Stimme**

   Häufig kommuniziert sie mit Ihnen auch innerhalb alltäglicher Begegnungen. Ziehen Sie klare Konsequenzen aus der Kraft und dem Vertrauen zu Ihrer inneren Stimme. Nehmen Sie sich und Ihre innere Stimme ernst. Sie hilft Ihnen auf dem Weg zu mehr nachhaltiger Lebensfreude. Machen Sie sie wieder zu Ihrem besten Freund und bauen Sie Stück für Stück Ihr eigenes Leben auf. Manchmal geht es nur um die Änderung des Blickwinkels und das Ablegen von Wertungen und damit einhergehenden selbst gesetzten Begrenzungen.

Auf diesem Weg finden Sie wieder zu sich selbst!

Und denken Sie daran:

Unsere innere Stimme ist eine alle Bereiche umfassende Essenz, die zwischen unserem Geist und unserem Körper eine Verbindung herstellt.

Bilder und Gefühle sind die Ursprache bzw. Muttersprache Ihrer inneren Stimme.

Eine Nachricht, die Sie von außen hören, stellt noch lange nicht das Gleiche dar wie eine Nachricht aus dem eigenen Inneren, von Ihnen selbst gesprochen und empfunden.

Sich von beiden Seiten gleich zu sehen, bedeutet, in die Mitte zu kommen.[2]

Der eine Pol kann nicht ohne den anderen existieren. Beide sind gleichermaßen notwendig, um die Welt im Gleichgewicht zu halten.

Wir alle tragen unerlöste Aspekte in uns. Daher ist es das Ziel, die jeweils polaren Gegensätze auszugleichen und anzunehmen.

Unsere innere Stimme repräsentiert alle unsere inneren Anteile und ist ihr Sprachrohr.

Sie werden zu dem, wogegen Sie sich wehren. Das, wogegen Sie Widerstand leisten, wird in Ihrem Leben bleiben und Ihre Energie und Kraft in einem ständigen Kampf verbrauchen.

Allein 20 Minuten bewusstes Atmen verändert Ihr Leben mehr, als 20 Jahre unbewusst zu atmen.

Durch die häufige Wiederholung der Meditationserfahrung können Sie den Zustand des friedlichen Herzens im Laufe der Zeit stets in Ihrem Inneren abrufen.

Die Antwort ist nicht in der Außenwelt zu finden, sondern in uns selbst.

Wird die uns innewohnende, natürlich gegebene sexuelle Kraft aufgrund von innerer Abwehr nicht genutzt, so verschwindet sie nicht einfach. Vielmehr kommt sie irgendwann auf andere Weise zum Ausdruck.

Sexualität ist ein Austausch von Lebensenergie auf körperlicher und feinstofflicher Ebene.

Sexualität ist Meditation durch den Körper.

Es ist illusorisch zu glauben, etwas in eine Form zu zwingen, in der Ketten gesprengt werden müssen.

Niemand gehört uns.

In allen drei Nahrungsbereichen gibt es unterschiedliche Bedürfnisse, und doch gehören sie gleichfalls zusammen, denn sie machen unser ganz individuelles System aus.

Alles fließt durch unseren Organismus und kommt in unserem Nervensystem, dem Gehirn, das die Körperfunktionen letztendlich steuert, an.

Am wichtigsten ist, dass Ihnen Ihr Beruf Freude bereitet.

Etwas, was zutiefst zu uns gehört, brennt uns nicht aus, sondern es erfüllt uns.

Ihre innere Stimme ist ein Vermittler, der Ihnen auch sagt, inwieweit Sie sich mit Ihrer Arbeit gedanklich sowie gefühlsmäßig identifizieren können.

Entscheidend ist, dass Sie Ihr Leben nicht nur durchleben, sondern es im wahrsten Sinne des Wortes durchlieben.

Was uns am anderen stört, finden wir in uns selbst, denn sonst könnte es uns niemals stören.

Werden Sie zum Lenker aller Ihrer inneren Anteile und hören Sie auf, sich nur mit einem zu identifizieren.

Die Inhalte des Schattens können Sie letztendlich nicht loswerden, doch Sie können lernen, sie nicht länger zu bekämpfen, sondern sie wieder anzunehmen und zu integrieren.

Eine regelmäßige Kommunikation mit Ihrer inneren Stimme zeigt Ihnen den Weg zu sich selbst – und das Tag für Tag.

... und vor allem:

Gehen Sie vorwärts, zurück zu sich selbst.

Liebe Leserinnen und Leser,

sollten Sie sich für das Kennenlernen Ihrer inneren Stimme durch innere Bilder interessieren oder andere Anfragen haben, dann finden Sie mich unter:

Praxis für Familien- Einzel- und Paartherapie
Psychotherapeutische Heilpraktikerin Ursula Ines Keil
Kretschmerstr.10
01309 Dresden
0351-3129312
www.heilkundetherapiezentrum.de
info@heilkundetherapiezentrum.de

Auf Wunsch unterstütze ich Sie gern bei Übernachtungsbedarf vor Ort.

Seit über 15 Jahren begleite ich Menschen auf ihrem Weg und habe immer noch Freude daran. Aufgrund mehrfacher Anfragen bilde ich seit 3 Jahren auch Menschen in Selbsterfahrungstherapie nach Keil® aus.

Hier geht es weniger um Verstandeswissen wie früher in der Schule, sondern um Ihr eigenes tiefes Wissen und den Umgang damit. Im Vordergrund steht die Entwicklung Ihrer Herzensbildung und Intuition. Daher richtet sich die Ausbildung an Menschen aus heilenden, helfenden und beratenden Berufen (Psychotherapeuten, Heilpraktiker, Sozialpädagogen, Lehrer u.a.), an Menschen, die therapeutisch arbeiten wollen und gleichzeitig an Menschen, die sich selbst weiterentwickeln möchten, auch ohne therapeutische Ausrichtung. Entsprechende Informationen finden Sie unter:

www.ausbildungszentrum-dresden.com

Ursula Ines Keil

Anmerkungen

[1] Goethe, Johann Wolfgang von: Erläuterungen zu dem aphoristischen Aufsatz: Die Natur, entnommen aus: http://www.zeno.org/Literatur/M/Goethe,+Johann+Wolfgang/Theoretische+Schriften/Erl%C3%A4uterung+zu+dem+aphoristischen+Aufsatz+%C2%BBDie+Natur%C2%AB (Zugriff: 05.10.2018)

[2] abgewandelt: Jung, Carl Gustav: Zitate zum Nachdenken, entnommen aus: https://zitatezumnachdenken.com/carl-gustav-jung/3482 (Zugriff: 12.10.2019)

[3] Einstein, Albert: entnommen aus: https://www.pinterest.ch/pin/424886546067408092/ (Zugriff: 28.10.2018)

[4] de Saint-Exupéry, Antoine: Der kleine Prinz, Rauch, 2010.

[5] Ferstl, Ernst: Bemerkenswert, Neue Aphorismen, Asaro Verlag, entnommen aus: https://www.aphorismen.de/suche?text=Sexualität&seite=2 (Zugriff: 06.11.2018)

[6] Herrscher, Antonia: Mehr Sex, mehr Arbeit, entnommen aus: https://www.fluter.de/mehr-sex-mehr-arbeit (Zugriff: 17.11.2018)

[7] Herbold, Astrid: Die Goldesel der Belletristik, entnommen aus: https://www.zeit.de/kultur/literatur/2012-11/buchmarkt-bestseller-verlage (Zugriff: 30.12.2018)

[8] zugeschrieben: Einstein, Albert: Wenn's Albert Einstein sagt, muss es stimmen. Oder?, entnommen aus: https://www.profil.at/wissenschaft/zitate-von-albert-einstein-richtig-6107724 (Zugriff: 24.11.2018)

[9] Fried, Erich: Was es ist, entnommen aus: https://www.deutschelyrik.de/index.php/was-es-ist-1039.html (Zugriff: 12.12.2018)

[10] abgewandelt: Schaffer, Ulrich: Zitate und Gedichte, entnommen aus: https://www.aphorismen.de/suche?f_autor=10825_Ulrich+Schaffer (Zugriff: 19.10.2019)

[11] Henrich, Phillip Henrich: Pro-Kopf-Konsum von Zucker in Deutschland in den Jahren 1950/51 bis 2016/17, entnommen aus: https://de.statista.com/statistik/daten/studie/175483/umfrage/pro-kopf-verbrauch-von-zucker-in-deutschland/ (Zugriff: 01.09.2019)

[12] Radtke, Rainer: Statistiken zu Burn-out-Syndrom und Depressionen, entnommen aus: https://de.statista.com/themen/161/burnout-syndrom/ (Zugriff: 26.10.2018)

[13] zugeschrieben: Konfuzius: Zitat zum Thema Beruf, entnommen aus: www.aphorismen.de/suche?f_thema=Beruf&seite=5 (Zugriff: 26.10.2018)

[14] Unbekannt: Lernen von Ryan Daniel Duffy: Berufung im Beruf, entnommen aus: https://www.wirtschaftspsychologie-aktuell.de/lernen/lernen-20110311-lernen-von-ryan-daniel-duffy-berufung-im-beruf.html (Zugriff: 10.06.2019)

[15] Burns, Robert: Zitat zum Thema: Sinn des Lebens, entnommen aus: https://www.aphorismen.de/zitat/27966 (Zugriff: 03.12.2018)

[16] Goethe, Johann Wolfgang von: Zitat zum Thema: Mut, Mutlos, entnommen aus: https://www.aphorismen.de/zitat/436 (Zugriff: 22.08.2019)

Literaturverzeichnis

Rüdiger Dahlke/Andreas Neumann:
Die wunderbare Heilkraft des Atmens, Integral, 2001

Robert Moore/Douglas Gillette:
König, Krieger, Magier, Liebhaber, Kösel, 1992

Matthias Wendel:
Maskenball der Seele, Wendel, 2003

https://www.planet-wissen.de/gesellschaft/liebe/partnerschaft/pwiebeziehungsmodelledamalsundheute100.html (Zugriff: 20.05.2019)

https://www.quarks.de/gesundheit/medizin/das-geheimnis-unseres-bauchgehirns/ (Zugriff: 27.03.2019)

http://resonanz.synergetikmuenchen.de/ausfuehrlich/ausfuehr.htm (Zugriff: 17.07.2019)

https://www.welt.de/wissenschaft/article160310401/Das-ist-der-Sinn-des-Lebens.html (Zugriff: 22.06.2019)

https://www.zeit.de/2009/13/Interview-Schmidbauer-13/komplettansicht (Zugriff: 23.05.2019)

https://www.zeit.de/wissen/2018-05/gehirn-entwicklung-genetik-gen-forschung-mensch (Zugriff: 31.03.2019)

NICOLE LINDNER

Feinfühligkeit trifft auf Berufsleben

Wie Sie Beruf und Ihr Naturell in Einklang bringen können

ISBN 978-3-9820125-5-1

UMA ULRIKE REICHELT

Schnell & sicher ins Burnout

5 Glücksgesetze, die Sie missachten müssen, um schnell alt, krank und unglücklich zu werden

ISBN 978-3-9818928-4-0

LEILA CHRISTIANE JÄGER
ANETTE KOESTNER

Sprich mit deinem ungeborenen Kind

Mit Meditationstechniken erfahren, wie es dem Baby geht und was es möchte

ISBN 978-3-9817975-2-7

DENISE SCHÄRICKE

Insidertipps - Onlinedating

Wie Sie Ihre Chancen, die große Liebe im Internet zu finden, deutlich erhöhen können

ISBN 978-3-9819383-0-2

dielus

dielus edition

Bücher für ein besseres Leben

MONIKA RICHRATH

Die Geheimnisse des gesunden Schlafs

Ursachen für Schlafstörungen entdecken und auflösen

ISBN 978-3-9819383-8-8

DR. HERMANN RÜHLE

Was bin ich? Wie bin ich? Wozu bin ich?

Wie ich erkenne, wer ich wirklich bin

ISBN 978-3-9819383-4-0

SILVIA CHRISTINE STRAUCH

Krankhafte Narzissten enttarnen

Wie Sie sich vor Liebes- und Energieräubern schützen können

ISBN 978-3-9820125-2-0